純情ヨーロッパ

呑んで、祈って、脱いでみて

西欧&北欧編

たかのてるこ

美しい漁師町ナザレで出会った母娘

自転車王国で出会ったイクメン

デンマーク人のナイスミドル ▶P41

デンマークの元気な移民の兄ちゃん

おとぎの国チックなニューハウン ▶P47

クルーズ受付のおっちゃんのおどけ顔

小便小僧チョコが並ぶブリュッセル

クルーズ船で出会った男の子

列車で意気投合したおばあちゃん ▶P76

ドイツの大衆食堂の女将さん

自転車タクシーを操る美少年 ▶P48

人魚姫の岩にしがみつく ▶P52

ベルギーの店員さんのいい笑顔

花柄ワンピが可愛い！ バッハラッハで道を尋ねたマダム

「女性」として生きるマエレ ▶P116

ドイツ行列車の車掌さん、検札中

アムスの安宿で働くおねえちゃん

列車で話したおじさんとのお別れ

芋&肉&ビールはドイツめしの定番

古城のユースで酒豪姐さんと乾杯 ▶P97

「ビール王国」ベルギーで呑みまくり、ゴキゲンな呑んべえたち ▶P79

お茶目なドイツのおっちゃん

ドイツで道を教えてくれたべっぴん

ヒゲが可愛いドイツの車掌さん

ルルドの街で働く人はおだやか

癒しに満ちた聖地ルルド ▶P147

タクシーの女傑は力持ち ▶P94

ドイツ人の幼なじみコンビ

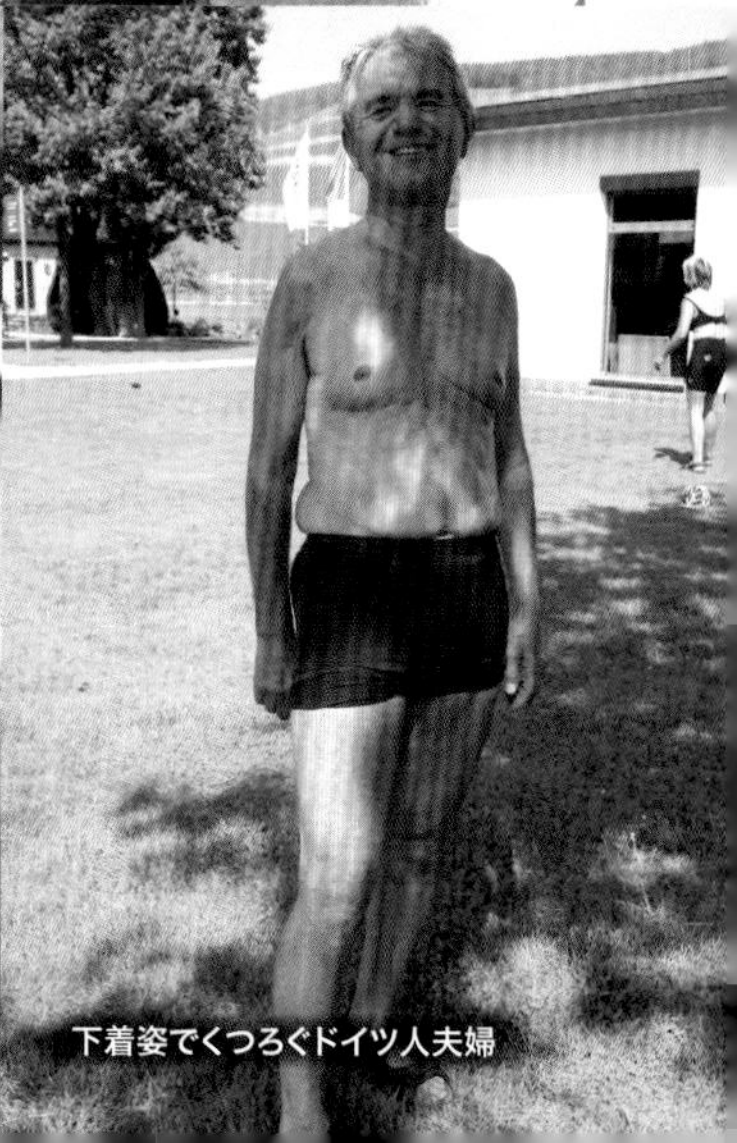
下着姿でくつろぐドイツ人夫婦

喪服姿のキュートなマダムたち

ナザレのマダムたちと下ネタトーク

ブルーの海、オレンジ屋根×白壁の家並みの美しいナザレ ▶P181

伝統的なミニスカート姿のマダムがわんさかいるナザレ ▶P171

南仏アグドのカフェにて、笑顔が素敵！

スペイン行き夜行列車の車掌さん

ノスタルジックな街並みの中、レトロな路面電車が走るリスボン ▶P192

人なつっこいナザレの女性たち

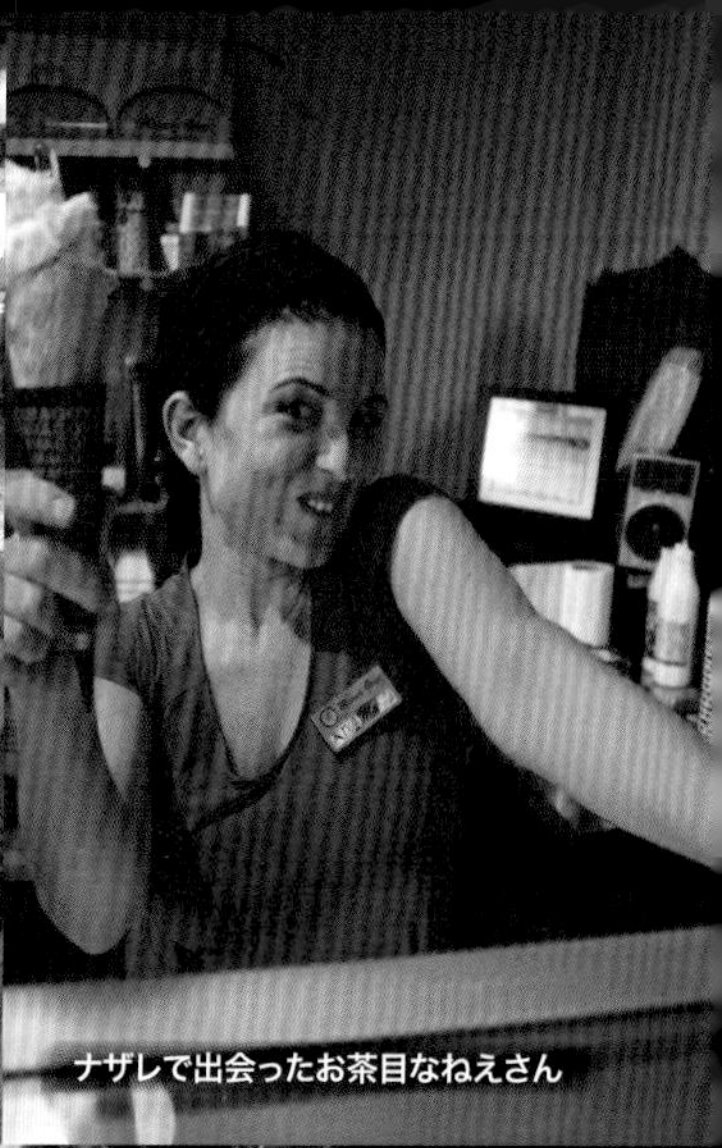

ナザレで出会ったお茶目なねえさん

セビリアで出会った熱々カップル。なにげにキャラが濃ゆい！

国際結婚したターデー夫婦 ▶P290

モナコの陽気なねえちゃんと呑む ▶P266

モナコ公国お墨付きの高級スパにて、〝死海〟の泥パック中♪ ▶P277

ナザレで泊まった安宿で働くフレンドリーな面々 ▶P167

ローマで出会った気のいい店員さん

リスボンの女傑、ヒョウ柄がお似合い

パリの流しのバイオリン弾きのおっちゃん、いい笑顔！

純情ヨーロッパ

呑んで、祈って、脱いでみて〈西欧&北欧編〉

たかのてるこ

幻冬舎文庫

はじめに

もし寿命が1万年あれば、私はきっと、一生懸命生きようとはしていなかったと思う。なんせ1万歳まで生きられるんだから、どう生きたいかなんて、9千9百歳を過ぎてから考えればいっか、ぐらいに思っていたに違いないのだ。

でも、人生は長いようで、地球にいられる時間は短い。思えば、桜を見ることができるのも、わずか100回余り。時間の流れがあまりにも速いから、私は常に（このままでいいんだろうか……）とモンモンとしていた。

今思えば、私はずっと「自分が自分であること」に安心できなかったのだ。人と自分を比べてばかりいて、いつも〝今の自分〟のままの延長でやって来る〝未来〟が怖かった。

そんな自分にオサラバすべく、学生時代、勇気を振り絞ってアジアひとり旅に出た私は、日本とはまるっきり違う〝別世界〟に目を見張った。見慣れない顔の人々、見知らぬ文化、未知の食べ物、その国独特の雰囲気や匂い……。

「国が200近くあるってことは、地球はドでかいテーマパークなんだ！　この世に、こんなにも楽しい〝参加型の総合エンタメ〟があるなんて！」

初めての土地で右も左も分からず、あたふたしまくるも、超方向オンチの旅人に親切にしてくれる人の多いこと！　何よりも感動したのは、ニュースや報道で知る世界はとてつもなく恐ろしく感じられたのに、〝実際の世界〟は、人びとの優しさに満ちていたことだった。言葉や文化、宗教が違おうが、「みんな、同じ地球で同じ時代を生きている仲間なんだ！」と思わせてくれた海外ひとり旅は、今まで通ったどんな学校よりも〝生きる術《すべ》〟を学ばせてくれた。ひとり旅は間違いなく、「地球最大の学校」で、「地球最高の学校」だったのだ。あぁ、いつか、このでっかい地球の素晴らしさを伝える係になれたらなぁ……！

そんなことを夢見た私は、映画会社に就職しても旅をあきらめなかった。テレビ制作の部署で番組を作る傍ら、年に一度、2週間の海外ひとり旅に出るうち、『ガンジス河でバタフライ』という紀行本を出すことができ、ドラマ化することまでできたものの、年々多忙になり、旅に出られるのは数年に一度きり。

はぁ〜。〝今の自分〟のまま死にたくないなぁ……と私はモヤモヤ感を抱えるようになった。心のどこかでずっと、会社員の自分は〝仮《かり》そめの姿〟のような気がして、自分の人生を生きている実感がなかったからだ。

そんなとき、突然、上司から18年近く勤めた部署からの異動勧告をされて、目の前が真っ暗になった。一生懸命働いているし、担当番組の視聴率だっていいし、名誉ある賞を取ったこともあるし、私がいったい何をしたっていうんだ!?

でも、何をどう思ったところで、一介の社員に「職業（部署）を選ぶ自由」は一切なかった。私の場合、欧米に多い「ジョブ型雇用」ではなく、日本に多い「総合職（メンバーシップ型）」雇用だったから、自分で自分自身の仕事を選ぶことはできないという現実。就活で50社以上落ちまくり、ようやく入社できた会社だったものの、私は「就職活動」をしたのではなく、「就社活動」をしただけだったのだということを、18年も経ってから骨の髄まで思い知らされたのだ。

「おまえはいらない！」という非情な戦力外通告をされた部署に通うのは、針のムシロに座っているような地獄の日々で、私は人間としての尊厳を奪われたような気持ちになった。プライドというプライドがズタボロになり、本当に、生きるのが辛くて苦しくて情けなくてたまらなかった。

そんなとき、たまたまホスピスの専門家が書いた本やネット記事を読んで、頭をこん棒で殴られたような衝撃を受けた。死の間際、後悔する人はみんな、「もっと自分らしく生きればよかった」とか「もっと冒険しておけばよかった」と口にするというのだ。

なんてこった！　頑張っていろんなことを乗り越えてきたのに、人生最後の感想がそれ!?
自分の人生に納得できないまま死ぬって、どうなの!?　ていうか、人の心配してる場合か？

このままいけば私も、自分らしく生きられないどころか、ミジメな気分のまま会社に居座り続けて、〝死ぬ直前に後悔するコース〟になるんだぞ？

そのときハッとした。お金や成功を手に入れても、容姿や才能に恵まれても、幸せじゃない人はこの世にゴマンといる。そう思うと、人間にとって最大の不幸は「自分を好きになれないこと」なのかもしれない。逆に言えば、最大の幸せは「自分を好きになること」なんじゃないか……？

生まれたからには、人は必ず死ぬ。教科書に載っているような偉人から、ウチのじいちゃんばあちゃんまで、古今東西、みんなもれなく死んできたんだし、いつか死ぬのはもちろん結構。でも、自分らしく生きられず、自分を好きになれないまま死ぬなんてイヤだ。人生が終わる最期の瞬間、（あぁ楽しかった！　やりたいことは全部やって、「私が私に生まれたこと」を謳歌《おうか》したわ〜）と思えるような、晴れやかなフィナーレを迎えたい!!

心の底からそう思った私は、人生最大の冒険に出るつもりで、18年勤めた会社を辞め、〈地球の広報・旅人・エッセイスト〉として独立した。辞める前は食べていけるか不安で心配でメチャメチャ悩んだものの、〝会社員のコスプレ〟をやめた翌々日には、2度も手術した椎間板ヘルニアまで完治していてビックリ！（腰痛もストレスが原因だそうで）。

よーし、会社員時代にはあり得なかった2ヵ月の長旅に出て、今までの「常識」や「固定観念」を捨てて、〝真新しい自分〟になるぞ！　そう決心したのは、人からネガティブなことを言われると、イチイチ真に受けてしまう自分がいたからだ。

「フリーで食える人なんて、限られてるからね～」

「フリーランスって自由《フリー》じゃないから、2ヵ月も旅に出てたら仕事が来なくなるよ」

こういう言葉を聞く度に、この世は〝恐怖の刷り込み〟に満ちていると思わずにはいられなかった。たとえるなら、欧州の童話に登場する「この子が15歳になったら……」と〝呪い〟をかける魔法使いのセリフみたいなモノだ。

呪いを口にする本人に悪気はないものの、自分自身に劣等感《コンプレックス》があって恐怖に囚われている人はみな、無意識のうちに、人にも恐怖を刷り込まんとする。ウチのおかんにしても「フリーでは絶対食べられへんて！」と恐怖をあおり、オリンピックぐらいの周期で私が会社を辞めたくなる度に、その気持ちをバキバキくじいてきたのだ。

考えてみれば、人生は、恐れていることが起きる。傘を持たずに外出した日に限って、雨に降られてしまう。（あの人に会いたくないなぁ）と思っていると、バッタリ会ってしまう。「思う力」（＝念）にはパワーがあるから、恐怖を呼び寄せてしまうのだ。

会社を辞め、頼るモノがなくなった私を守れるのは、自分自身だけだった。私は、恐怖ベースのネガティブ言葉を浴びせられそうになると、両耳を塞いで「ワワワ～ッ!!」と叫ぶような思いで、〝呪い〟を跳ね返した。自分らしく生きるには、人の話を聞き流す「聞かない力」も大事なのだ。

何をどう言われてもシカトすればいいのだが、人はすぐ誰かの言葉に影響され、自分自身にも〝呪い〟をかけてしまうモノ。「自分らしく生きるぞ！」とアクセルを踏みながら、もう一方の足でブレーキを踏んでいるようなもので、うまくいくわけがない。「こんなこと、しちゃいけないんじゃないか」「自分には無理なんじゃないか」と思い込ませているのは、いつだって自分が自分にかけた〝呪い〟なのだ。

そんなこんなで、あらゆる〝呪い（＝制限）〟から自分を解放するべく、私は夏の2ヵ月間、欧州を鉄道でめぐる旅に出ることに決めた。人口数百万人〜1千万人程度の小国が密集するヨーロッパを、広くカバーする鉄道パス「ユーレイルパス」を使えば、飛行機よりも安く、たくさんの国をスムーズにまわれると思ったからだ。

だが、じつはヨーロッパは私にとって「お高くとまったキザなイメージ」のある苦手エリア。こうなったらドーンと20ヵ国ぐらい行ってみるか。次から次へ芋づる式に20ヵ国を旅する荒療治を決行すれば、ヨーロッパ苦手意識を克服できるんじゃないか!?

でも待てよ。1ヵ国の滞在が短いと消化不良を起こしかねんと思い、どの国でも1つ、自分にミッションを授けることにした。旅には、「旅する前のワクワク」「旅中のウキウキ」「後で旅を思い出す喜び」と3つの楽しみがあるけれど、欧州21ヵ国分のテーマを決めたとき、私の胸は壮大なワクワクで満たされたのだ。

結果的に、この〈1ヵ国×1ミッション〉の鉄道旅は大正解！

毎回、列車が未知の国に到着すると、ドキドキ気分でホームに降り立ち、行き当たりバッタリ旅がスタートする。まずは宿探しから始まり、行く先々でのハプニングを乗り越え、その国でのミッションをやり遂げると、たとえようのない達成感がこみ上げてくる。人生に〝肉体の締め切り〟があるように、旅も〝滞在の締め切り〟があるからこそ、どの国でもぐっとテンションが上がったのだ。

鉄道旅ならではの醍醐味は、列車での移動中、すでに次の旅が始まっていることに尽きる。たとえば、ポルトガル行きの列車に乗っていて、車内の食堂車に向かうと、たいてい里帰りするポルトガル人が呑んでいて、「ポルトガルじゃ、絶対〇〇を食べなよ！」「〇〇にも行くべきだ！」なんてお国自慢が始まり、まだポルトガルに着いてもいないのに、もうポルトガルを旅しているような気分になるオトク感。

何より、旅に出る前は、ヨーロッパはどこも似たりよったりだと思っていたものの、今まで「ヨーロッパ」と一括りにしてきた国々の、バラエティに富んだ国民性といったらなかった。陽気でおせっかいなスペイン人に出会うと「関西人か！」とツッコミたくなるし、恋愛至上主義のフランス人とは会話の9割はシモネタだし、「日本人と似ている」と言われるドイツ人は、きっちり計画を立てて8週間のバカンス（！）をその通りに過ごすという生真面目さがおかしかったりと、目からウロコがボタボタ落ちる。

長い旅の道中、イイ大人が働きもせず、こんな非生産的で享楽的な日々を過ごしていていいんだろうか……と不安に駆られたこともあった。すでに会社も辞めているのに、働いていない自分に罪悪感を覚える有り様。普段、私が自分自身を認めることができていたのは、毎日あくせく働いて「頑張っていたから」なのだ。んも〜、どこまでマジメなんだよ！

でも、ある日ふっと、そんな感覚から自由になっていることに気がついた。旅先のオープンカフェで、意気投合した人たちとゲラゲラ笑って呑んだくれてる自分。真夜中に到着したド田舎の駅で宿が見つからず、必死の形相で宿を尋ねまくっているブザマな自分。

ダメな自分もひっくるめて、これが私なんだし、働いていようがいまいが、何をしていようがしていまいが、今までも、これからも、どんな自分もアリだ！　生きてるだけで、すでにめちゃめちゃ頑張っているし、体内の全細胞も毎日、自分自身を全力で応援してくれている！　それだけでもう十分なんだ！　と思えて、私は生まれて初めて、腹の底から自分を受け入れることができたのだ。

「たかのさんには、もっと自分を活かせる道があると思うんだけどねぇ」

欧州旅の道中、異動勧告をしてきた上司の言葉をふっと思い出す度に、当時は意地悪にしか聞こえなかった言葉が、本当にその通りだと思えてきた。あの上司がいなければ、私は会社を辞めることもなく、この旅にも出られず、一生自分らしく生きることもできなかったことを考えると、上司は私の人生に現れた〝天使〟だったのだ（当時は悪魔に見えたのだけど）。

もし今、元上司と道で出くわしたら、私は「おかげさまで、自分らしく楽しく生きることができるようになりました！」と言ってビッグハグを交わしたいと本気で思っています。「刺し違えてやる!!」とまで思った上司に、ここまで感謝できる日がくるなんて！　今の人生に感謝できなければ、人間としての尊厳まで失いそうになったなら、自分を苦しめている執着を手放して、「感謝できるようになる場所」へ動くのが一番だとつくづく思います。

そして、たとえ元会社から「頼む、年収100億払うから会社に戻ってきてくれ！」と懇願されても戻りません（そんなこと絶対言われるワケないですけど）。長年、「リストラされたらどうしよう……」という恐怖に縛られ、最後はうつ状態にまで追い詰められた私が、人生で一番恐れていた恐怖とようやくオサラバできたのです。たった1度きりの人生、恐怖に縛られた日々は、もうまっぴらごめんです!!

生きるとは、変わり続けることなんだなぁとつくづく思う今日この頃。

この2ヵ月の旅は、あらゆる感情を解き放って、心の欲するままに、心の欲する場所へ向かい、〝心の筋トレ〟をしているような日々でした。そして、この旅で出会ったキャラの濃ゆい人たちのおかげで、私は元上司どころか、「一生ゆるさない！」と思っていた人たちへの怒りや憎しみを、全て手放すことができたのです。

いったん人生をリセットして、毎日、自分だけを持ち運んでいるうちに、「自分が自分であること」に居心地のよさを感じられるようになる、ウルトラデトックスひとり旅。自分の魂を思いっきり解放して、「本当の自分」を取り戻すことができる旅の偉大さを思うと、全ての人に旅をオススメしたい気持ちでいっぱいです。

正直、欧州の英語がペラペラな人と話すのは、語学力の乏しい私には至難の業《わざ》だったのですが、旅が進むにつれて英単語だけで会話するのがはずかしくなくなってきて、出会いがどんどん濃厚になっていきます。

私に生きる勇気をくれた欧州旅が、読む人の勇気になることを祈ってやみません。

自分を見失いそうになったときには、私はまた、ひとり、長旅に出ます。自分自身を、この世界を、好きでいるためにも！

脱いでみて　身体で感じるヨーロッパ

※本文中の会話部分は、ページの都合上、実際の長いやりとりを大幅に省略・整理しています。
著者はスマホで単語を調べつつ、懸命に会話していますので、「語学力が高い」と誤解されないようお願いします。

※料金、通貨レートは2012年当時のものです。

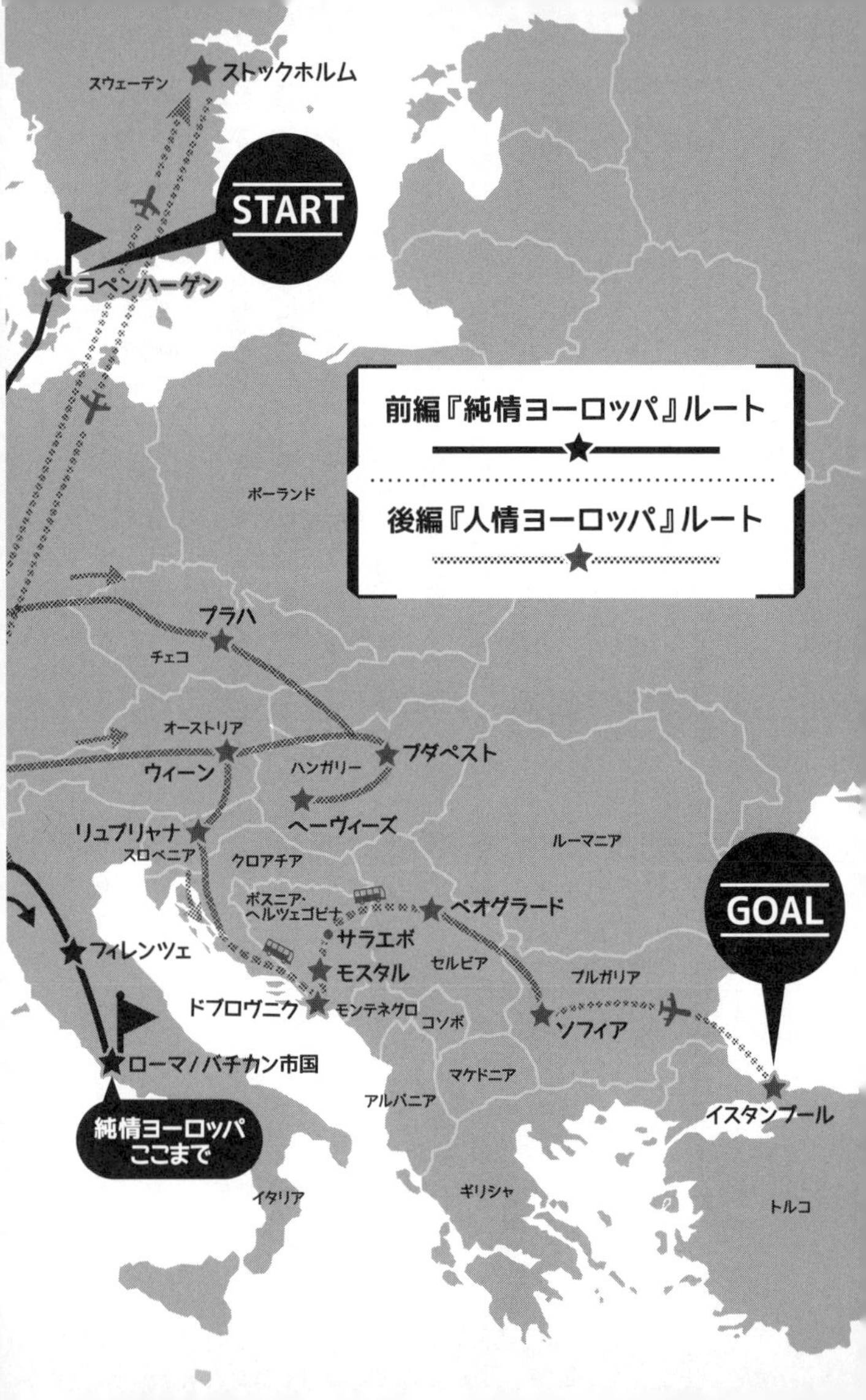

スウェーデン
ストックホルム
START
コペンハーゲン
前編『純情ヨーロッパ』ルート
後編『人情ヨーロッパ』ルート
ポーランド
プラハ
チェコ
オーストリア
ウィーン
ブダペスト
ハンガリー
ヘーヴィーズ
リュブリャナ
スロベニア
クロアチア
ルーマニア
ボスニア・ヘルツェゴビナ
ベオグラード
サラエボ
GOAL
フィレンツェ
モスタル
セルビア
ブルガリア
ドブロヴニク
モンテネグロ
コソボ
ソフィア
ローマ/バチカン市国
マケドニア
アルバニア
イスタンブール
純情ヨーロッパ ここまで
イタリア
ギリシャ
トルコ

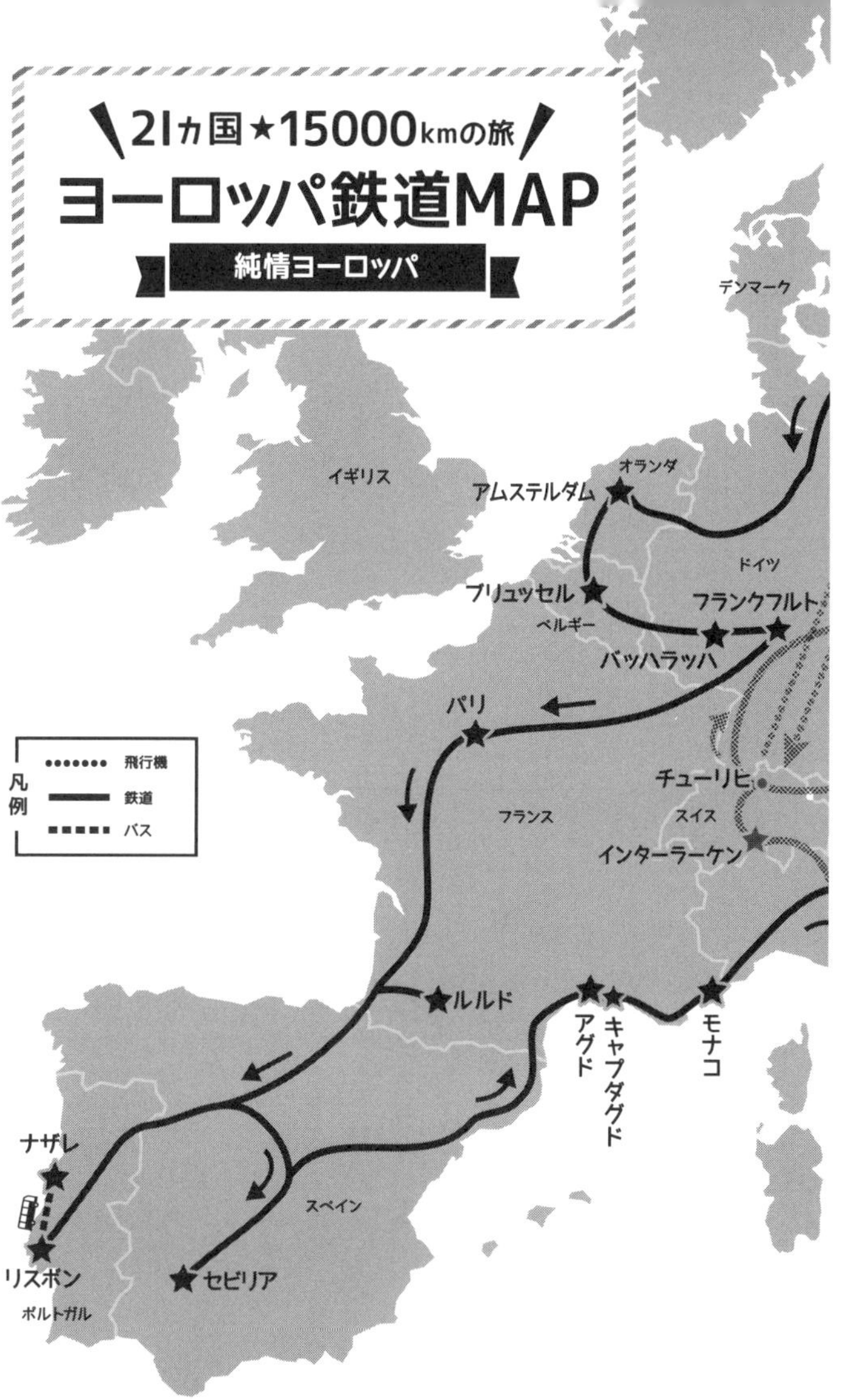

21ヵ国★15000kmの旅
ヨーロッパ鉄道MAP
純情ヨーロッパ
デンマーク
イギリス
オランダ
アムステルダム
ドイツ
ブリュッセル
フランクフルト
ベルギー
バッハラッハ
パリ
凡例
飛行機
鉄道
バス
チューリヒ
スイス
フランス
インターラーケン
ルルド
アグド
キャプダグド
モナコ
ナザレ
スペイン
リスボン
セビリア
ポルトガル

序章　私がヨーロッパを苦手だったワケ

正直、「気取っているイメージ」だけの話ではなく、長年、ヨーロッパが超苦手だった。欧州への長旅を決意したのは、「死ぬまでにやりたいことを全部やるぞ！」と思って生きるようになった私にとって、「ヨーロッパ苦手意識」の克服は人生の課題だったからだ。にしても、なぜ私はヨーロッパが苦手だったのか。実は、これには深〜いワケが……。この話は墓場まで持っていくつもりだったのだが、人々の意識がちょっとずつ進化し、以前よりもスピリチュアルな話が受け入れられる世の中になってきたので、思い切って打ち明ける。

私の根深いヨーロッパ苦手意識は、学生時代にまで遡る。

就職前に卒業旅に出ることにした私は、パリへ飛び、スペイン、ポルトガルを巡ってアフリカ大陸に渡り、憧れのモロッコで1ヵ月強を過ごした。この卒業紀行は、のちに『サハラ砂漠の王子さま』『モロッコで断食《ラマダーン》』という2冊の本になるほどエキサイティングな旅になったのだが、この旅には壮大な後日談があったのだ。

帰国後、私は他の誰にも言えなかった話を、友達のクボメ（窪目美香《くぼめ》ちゃん）に告白した。

「どの国も最高に楽しかったんだけど、パリだけがどうしてもダメで……。空港に降り立った途端、全身に鳥肌が出るくらいゾ〜ッとして、『早くここから逃げ出したい！』と思っちゃったんだよ。私、霊感なんて全くないし、こんなこと、本当に生まれて初めてで……」

着いた途端「この街に長居したくない！」と思ってしまったものの、私はパリでも出会いに恵まれ、フランスの人たちによくしてもらっていたのだ。それなのに、パリに居るだけで胸が締めつけられるような感じがして、どうにも息苦しかった。よりによって、欧州の中心都市であるパリが苦手だなんて！

「何をされたワケでもないのに、とにかくパリだけが生理的にダメでさぁ……」

だが、私が真剣に悩みを打ち明けると、クボメはいけしゃあしゃあとこう言い放ったのだ。

「そりゃそうだよ〜。てるちゃんはさ、昔、パリでギロチンで死んだんだもん」

「はぁ〜⁇　ギロチン⁉　なにそれ⁇　どういうこと⁉」

ギロチン話の前に、クボメがどういう人か説明すると、出会った当時、私は大学の4年でクボメは専門学校の2年。30歳も過ぎると2歳差なんて同世代という感じだけど、20歳時分の2歳違いは年齢差を感じる頃だ。

ところが、クボメは友達の家で初めて会うやいなや、私の肩をバーンと思いっきり叩き、「おお〜！　てるちゃん‼」と、まるで旧知の友のような気安さで話しかけてきたのだ。

「ええっと？　前に会ったこと、ありましたっけ⁇」

初対面にしてはあまりの馴れ馴れしさに面食らった私に、クボメはニコニコ顔で言った。

「うん！　前っていうか、前世で、だけどね〜」

「へ⁉　ぜ、ぜんせ⁉」

クボメの話によると、日本の平安時代、私はどこかのお姫さまだったことがあり、クボメは私の身の回りの世話をする女房として、秘書のような係をしてくれていたというのだ。

だが、突然そんなことを言われても、こっちは全く身に覚えのない前世話。眉唾の私が「ふーん、で、私ってどんなだったの？」と聞くと、クボメはゲラゲラ笑いながら言う。

「てるちゃんはね〜、部屋をすぐ散らかすんだよねぇ。ほら、昔って通い婚じゃん？　てるちゃんは文を書くのが上手かったから結構モテてたんだけど、部屋が紙とかで散らかっててグチャグチャでさぁ。殿方が来るたび、慌てて片付けるのをよく手伝ったよ〜」

って、まるで見てきたみたいな！

当時のことを思い返すと、なんとも不思議な気持ちになる。「部屋をすぐ散らかす」というのは、現在まで続く、私のお家芸のようなもの。その一方、今でこそ私は本を書くことをライフワークにしているけれど、学生時代は文章を書くのが大の苦手だったのだ。

なんにしても、出会い頭に、遠い過去世を思い出して「いやー、懐かしいなぁ！」なんて言ってくるような人に会ったことがなかった私は、クボメに興味津々。「私たち、姉妹だったこともあるんだよ。今も、サバサバした雰囲気とか顔も似てるよね」などとのたまうクボメは、前世を覚えているだけじゃなかった。

ある冬の日曜、クボメから「てるちゃん、風邪引いてない？」という電話があった。

「大丈夫よ〜。なんで？」と聞き返すと、クボメが平然と言う。

「いや〜、昨日の夜、てるちゃんち行ったら、コタツで腹出して寝てたから気になってさ」

「確かにコタツで腹出して寝てたけど……って、クボメ、昨日ウチに来てないじゃん!!」

昨日来てないもナニも、ウチに来たことがないクボメは、私の住所も知らないはず。なのに、私がひとり暮らしをしているアパートに行ったと主張するのだ。

「エヘへ。てるちゃん、どうしてるかなぁと思いながら寝たら、幽体離脱して行っちゃったみたいで」

「幽体離脱って、体から魂が抜け出るってヤツ!?　それって、行きたい場所に移動できる

"どこでもドア"状態ってこと!? じゃあさ、ウチがどんなだったか言ってみてよ」

「えっとね、部屋のド真ん中にコタツがあって、ガーガー寝てたでしょ〜。ぐふふ、てるちゃんって、部屋の散らかしっぷりが昔と全然変わんないね。コタツの上、みかんの皮が散らかってさ、『an・an』の〈いい男特集〉が開きっぱなしになってたねぇ」

ぐうの音も出ない。それはまさに、「昨夜の私」だったからだ。

「ちょ、人が寝てるときに、勝手に人んち、出入りしないでよ!」

「ごめんごめん。寝てるときだから、ほんと無意識で、ふらっと行っちゃったんだよ〜」

「うう〜ん、まぁ、そういうことなら仕方ないかぁ」と私は言うしかなかった。家のカギをこじ開けて不法侵入したワケでなし、魂だけでふらっと遊びに来ちゃった友だちをどうして責められよう。

驚いたのは、それだけじゃない。あるとき、サシでお茶していると、クボメが私の話に上の空で、ひとりでウンウン頷いたり、笑ったりしていたことがあった。

「ちょっと〜。人の話、聞いてんの?」と言うと、クボメはケロリとした顔で言う。

「あぁごめん、今ね、てるちゃんの守護霊としゃべってたんだよ」

「しゅごれいい?? 私にそんな霊がついてんの!? いったいどんな人??」

「えっとね、てるちゃんの、母方の曽《ひい》ばあちゃん。つまり、お母さんのおばあちゃんだね」

「私の曽ばあちゃん？　マジで!?　じゃあさ、その曽ばあちゃんに名前聞いてみてよ！」

曽ばあちゃんは私が生まれる前、とっくの昔に亡くなっていたので、私は曽ばあちゃんの顔はおろか、名前すら知らなかったのだ。

クボメは私の後方に目をやると、何やら目配せし、ウンウン頷いて言った。

「クマさんだって」

クボメを信じていないワケではなかったものの、やはりここは裏を取らねばと思い、私は家に帰ってから、おかんに電話で聞いてみた。

「つかぬことを聞くけど、私の曽ばあちゃん、あんたのおばあちゃん、なんて名前？」

「なんでそんなこと聞くんや？　クマや。みんなに『クマさん』って呼ばれてはったわ」

「しぇえ〜〜！！！！！」

あまりにもビックリして、腰が抜けそうになる。私にはもう、疑う余地がなかった。クボメは、断片的に幾つかの前世を覚えていて、自分自身でコントロールはできないものの幽体離脱ができて、おまけに霊まで見える人だったのだ。とことんディープなスピリチュアル三点盛りに、開いた口が塞がらなくなる。

クボメと話す度に、今までの常識がブッ飛び、視野をぐいぐいこじ開けられるような感覚になった。たとえば私が、バイト先の、いつもイライラしていて怒鳴り散らしている上司のことを「50歳過ぎのいい大人なのに、まわりに八つ当たりするのが許せないわ！」と不満をぶちまけると、クボメは私を諭すように言うのだ。

「まぁそう怒らないで、許してあげて。そのおじさんはさ、まだ赤ちゃんなんだよ」

「ハァ？　赤ちゃん？　いい年こいたおっさんなのに!?」

「そのおじさんは、実年齢は50歳でも転生の回数が少ないから、赤ちゃんみたいなものだってこと。私たちは実年齢は20歳でも何度も転生してるから、魂レベルではおじさんよりも年上なんだよ。赤ちゃんって、ひとりじゃごはんも食べられないし、トイレもできないでしょ？　それと同じで、おじさんはまだまだ未熟な赤ちゃんなんだよ」

はぁ〜っ。道徳的に許せないようなおっさんは、実はまだ赤ちゃん……。バイト先のいばりくさったおっさんがおしゃぶりをくわえ、ヨダレかけを付けてバブバブ言ってる赤ん坊になった姿を妄想すると、ブハッと吹き出してしまう。私はクボメの、この世の見方が180度変わるような画期的なとらえ方に感心しきりだった。今後は腹立たしい人に遭遇しても、相手が〝転生回数の少ない赤ちゃん〟だと思えば、許せてしまう気がしてくるではないか。

　人を見下した物言いのおっさんはいわゆる「上から目線」の人なのだが、中途半端な上から目線はイカンなぁと思った。なんせ、時空をも超越したクボメの目線は「宇宙から目線」というか、いわば「神さま目線」なのだ。

　ちょうど世界中でベストセラーになった『アルケミスト　夢を旅した少年』や『アウト・オン・ア・リム』『聖なる予言』といったスピリチュアル系の本が日本でも話題になり、私も夢中で読んだものだったけれど、実際にこういう人が目の前に現れると、戸惑ったのも事実だった。〝目には見えないもの〟を信じるということ。私には霊感のようなものは全くないものの、この世には〝見える人〟がいるのだということを、思い知らされた気分だった。

　だが、クボメは自宅の2階の階段から転げ落ちて以来、〝目には見えない〟世界にチャンネルを合わせることができるようになってしまった人で、占い師や霊能者《シャーマン》になるつもりもなく、本当にフツーの学生だったから、この能力のせいで大変な目にも遭っていた。

　たとえば、高校の修学旅行で訪れた広島では、原爆で亡くなったものの自分が死んでいることに気づかぬまま我が子を捜している、顔中がケロイド状態のお母さんから「すみません！　ウチのケンちゃん、見ませんでしたか!?」と尋ねられ、クボメは口から泡を吹いて気絶してしまい、救急車で病院に運ばれたのだという。……想像しただけで、大変な人生だ。で、ギロチン話に戻ると、彼女はこういう特殊な能力のある人だったので、私のパリ苦手意識は、もしや前世が関係しているのか？　と思い、クボメに尋ねてみたというワケだ。

「でもさ、ギロチンで死んだってことは、私、悪人だったの!?　まさか、王族とか!?」

私のギロチン情報と言えば、フランス革命で処刑されたマリー・アントワネット&ルイ16世ぐらいのものなのだ。

「えっとね、王族じゃなくて、革命側の、血気盛んな青年だね」

「じゃあ私ってば、自由を求めて闘った革命家だったってこと!?　も、もしかして、有名人!?」

私が鼻息荒く詰め寄ると、クボメは淡々と言う。

「いや、全然有名じゃないよ。フツーの一般人」

「でもでも、私は勇気を出して闘ったから、殺されたんでしょ？　私は……、私、私って、今の私じゃないから、ややこしいな。当時の私のこと『テルオ』って呼ぶね。テルオは、世の中を変えようと思って命懸けで行動した結果、殺されたんだから、英雄じゃないの!?」

「ん〜、なんていうか、革命が本格的に盛り上がる前だから、単なる火付け役のひとりって言うか……犬死《いぬじ》にだね」

なんだよそれ！　人の前世つかまえて犬死にって！

覚えていない時代のこととはいえ、無駄死《むだじ》にしたテルオが不憫《ふびん》でならなかったものの、私はクボメの話にミョ〜に納得してしまった。何の理由もないのに、パリに着いた途端、反射的に「ここが嫌だ！」と思わずにはいられなかった、自分の不可解なパリ苦手意識が腑に落ちたからだ。

この話を、当時ひょんなことから仲良くなった作家の吉本ばななさん（本名が真秀子《まほこ》なので、まほりんと呼んでいる）に話すと、驚くかと思いきや、まほりんはこう言ったのだ。

「ウーン。私、なんかその話に関わってる気がするなぁ」

「ええ〜!?　マジで〜!?」とブッたまげた私がクボメに電話すると、クボメは飄々《ひょうひょう》と言った。

「そうだよ〜。テルオは、吉本さんのひと言でしょっぴかれちゃったからね」

なんたるちや！　私は大の吉本ばななファンなのだが、まほりんのひと言で犬死にさせられたとあっちゃあ、見逃すわけにはいかん。おのれ〜、過ぎたこととはいえ、よくも未来のあるテルオをギロチン台に送ったな！

「それ、どういうこと!?　まほりんがテルオを売ったの!?」

「いやいや、吉本さんに悪気は全くなかったんだよ。吉本さんの前世は物書きだったことが多いんだけど、当時もパリで物書きをしていた男性で、テルオとも交流があって」

「え〜っと、今のまほりんと混ざってややこしいから、当時のまほりんのことを『バナオ』と呼ぶことにするね。でも、なんでバナオが、テルオのギロチン死と関わってんの？」

「バナオが人にテルオのことを聞かれたとき、その人が体制側のスパイとは知らずに『テルオなら、自由を求めて集会やるって張り切ってたよ〜』って、しゃべっちゃったんだよね」

むむむ〜。そういうことなら仕方あるまい……。やれやれ、我が過去世のギロチン死のキッカケになったとはいえ、全く悪気のなかったバナオを誰が責められよう！

この話を聞いた私は、鬼の首を取ったようにまほりんに電話した。

「まほりん、やってくれたね！　これこれしかじかで、私はギロチン送りですわ」

私がクボメに聞いた前世話をすると、まほりんはしみじみ言った。

「悪気はなかったってところが私らしいねぇ。私、てるちゃんに悪いなってどこかで思ってたんだけど、それが原因かも。実は、私もパリがダメなんだよ。何度行っても苦手だもん」

まほりんは、もともと〝目には見えない〟存在に敏感なスピリチュアルな人なのだが、クボメの前世話を一切否定せず、そっくり受け入れたことに驚かずにはいられなかった（のちにクボメは、吉本ばななさんの小説『アムリタ』の登場人物「きしめん」のモデルのひととなった）。

私は、今に繋がる人類史上、大志半ばで犬死にしたテルオの生涯を想わずにはいられなかった。革命前の、単なる火付け役のひとりだったテルオはちっとも英雄じゃないけれど、テルオの死は、当時の人たちやテルオの仲間たちに、何らかの影響を与えたであろうことは間違いないのだ。

英雄だろうと無名だろうと、王族だろうと庶民だろうと、とにかく人と人は、いつでもなんらかの影響を与え合っているのだということ。そしてそれは、国と国もしかり。

全ての存在は繋がっている。目には見えないけれど、どんな人もみんな、近くの人から遠くの人まで、時代も超えて、何かしら影響し合っているのだろう。今、日本の庶民がこんなふうに自由を謳歌できるのも、フランスに端を発した市民革命の影響を受けてのことなのだ。

本文デザイン　bookwall
写真　たかのてるこ
著者の写真　旅先で出会った人たち

呑んで 真夏の〝ヨーロッパの洗礼〟

ブリュッセルの安宿で意気投合したマリと、バーのテラスで乾杯！

デンマーク★コペンハーゲン
「世界一、幸福な国」の、超シンプルな〝幸せの秘訣〟

（ぎえええ、嘘でしょ〜！　もう真っ暗闇じゃん！）

ヨーロッパ21ヵ国旅の初日、コペンハーゲンの空港を出て、目の前に広がる暗闇を前に、私は呆然と立ち尽くしてしまった。経由地だったイスタンブールからの乗り継ぎがうまくいかず、飛行機がデンマークの首都コペンハーゲンに着いたのは、ド深夜。宿も決めていない行き当たりバッタリ旅の初日が、こんな真夜中になってしまうとは！

日本を出る前のバッタバタな日々を思い返す。旅立ちを決めた途端、胸の鼓動がどっくんどっくんと音を立て始め、緊張で心臓が張り裂けそうになった。なにしろ2ヵ月もの間、日本を留守にするのは、生まれて初めてのこと。仕事は一切しないと決め、旅のスタートを北欧のデンマークに決定した。鉄道ルートを考えた結果、一筆書きのノリで北欧↓西欧↓中欧・東欧の順で、21ヵ国をめぐる旅程を考えたのだ。

飛行機に乗り込み、機上の人になると、今まで時限爆弾を抱えたような感じでバクバクしていた心臓がようやく収まってきた。あぁ、私はいつもそうだ。旅立つに当たってテンパっていた気持ちが、飛行機が飛び立つと、「私は今、旅をするために宙に浮いていて、もの凄いスピードで目的地に向かってるんだ！」という事実がドッと押し寄せてきて、どうにか腹をくくれるのだ。

そんなこんなで、深夜1時、なんとかコペンハーゲンの空港にたどり着いたものの、宿のアテもなかった私は、またしても緊張がマックスになってしまった。不安で胸が押し潰されそうなところに、どこもかしこもオシャレで機能的な雰囲気の空港内。照明も文字デザインもその辺に置いてあるイスも荷物を載せるカートも、全てが小粋で洗練されていて、頭がクラクラした。な、なんなんだ、この、ハイセンスっぷりは！

デザイナーズマンションならぬ、〝デザイナーズ空港〟なムードに圧倒され、オシャレとは縁遠い自分がみすぼらしく思えて気後れしてしまう。旅立つ前、これでも一応見栄えのいい速乾Tシャツ（乾きが早いので洗濯がラク）×速乾パンツを選んできたというのに、シックで都会的な空港を前にすると、家に帰って着替えてきたい気分になってしまったのだ。

空港の外に出ると、辺りは信じられないほど真っ暗闇だった。深夜の空港まわりは人影もまばらで、心細さがこみ上げてくる。時計を見ると、2時すぎ。やれやれ、こんな夜中に、右も左も分からない街で宿を探すハメになるなんて……。

旅の初日からこんな目に遭うと、なんだかヨーロッパ全体に拒絶されているような気がしてしまう。欧州は長い歴史上、いろんな繋がり&しがらみがあり、デンマークとてフランスと同盟を組んだこともある国。うぐぐ〜、やっぱりこの地は、かつて私をギロチン台に送ったエリアだからなのか！

着いた途端、途方に暮れてしまい、ヨーロッパをめぐる長旅に出たことを後悔しそうになるが、深呼吸しつつ、必死に「ありがとう、愛しています」を心の中で唱え、自分を懸命に励ます。独立して以来、私はこの、ハワイに伝わる秘法『ホ・オポノポノ』（4つの言葉を唱え、心を洗浄する方法。「ごめんなさい、ゆるしてください」を入れて4つだが「ありがとう、愛しています」の2つでもOK）が習慣になっている。これは、自分の潜在意識《ウニヒピリ》に繰り返しこれらを伝えることで過去の記憶をクリーニングし、〝本当の自分〟を取り戻すことができる、魔法の言葉なのだ。

念仏のように無心で言葉を唱えると、なんとか気持ちが落ち着いてきた。

大丈夫、大丈夫。今回の旅とギロチンは無関係だ。デンマークとギロチンも無関係だ。つーか、ギロチン、ギロチンって、子どもじゃあるまいし！ そんな、覚えてもないトラウマを解消するためにも、私は欧州にやって来たのだ！

このデンマークでの滞在は、たった1日。どうせ寝るだけだしと思い、「ゲストハウス（安宿）」をスマホ検索して電話してみるも、満室で断られてしまう。よーし、次だ次！ 今までの経験上、スペインのトマト祭りみたく年イチの世界的な祭りでも開催されていない限り、宿泊先が見つからないなんてことは、まずないのだ。3軒目に「シティ・パブリック・ホステル」という宿に電話し、「今夜、1名泊まれますか？」と聞いてみると、兄ちゃんが言う。

「少人数のドミトリー（相部屋）や女性専用のドミトリーは満室なんだ。男女共同の大きなドミトリーならベッドが1つ空いてるけど、それでもいい？」

今まで泊まったことのあるドミトリーは、2段ベッドが3つ置いてある6人部屋が多かったなと思いつつ、「イエ〜ス」と明るく答えると、兄ちゃんが畳み掛けてくる。

「66人部屋でも、オーケー？」

へ？　ろくじゅうろくにん!?　一瞬、耳がぶっ壊れたかと思い、「パードン？　シックスじゃなくて、シックスティ??」と聞き返してみる。

「イエ〜、シックスティ　シックス　ピープルズ　ドミトリー」

って、いったいどんなドミトリーだよ！　想像を絶する人数で、言葉の破壊力がハンパない。まさか体育館みたいな所に雑魚寝!?　まぁ「シティ・パブリック」ということは公共の宿なんだから、ヘンな宿でもなかろうと思い、タクシーで向かう。

車窓から、中世の面影と近代のモダンが混在する、美しい街並みが見える。幻想的なムードを醸し出すオレンジ色の街灯に、木のぬくもりを感じるシックな店、色使いがハイセンスなレストラン……。その辺の柱に無造作に貼ってあるイベントのチラシまでシャレているように思えて、何を見ても「うわ〜、北欧っぽ〜い！　北欧って感じぃ〜！」とテンションが上がる。

じつは、デンマークは、国連の「世界幸福度指数」調査でトップになる等、さまざまな幸福度調査で何度も世界一になっている国。このデンマークでのミッションは、「幸福度が世界一の国で〝幸せの秘訣〟を探ること」なのだが、明日というか今日の夕方には、私はドイツに向かうことになっているのだ。

1ヵ国目からミッションを達成できないとなると、その後の旅のテンションがダダ下がりになってしまう。会う人会う人、片っ端から声をかけねば！　と思い、勇気を振り絞ってドライバーのおっちゃんに話しかけてみる。

「私は日本から来たんだけど、あなたはデンマークの人？」

「そうだよ〜。デンマークは初めてかい？」

「うん、コペンハーゲン、めっちゃきれいだね〜。国旗がいっぱいなのはお祭りか何か？」

街の至る所で、赤地に白十字のデンマーク国旗がはためいているのを見て、私は言った。

「僕たちはデンマークを愛してるから、1年365日、国中に国旗を飾ってるんだよ！」

ウーム、すごい愛国心だ。なんというか、国を思う気持ちがポップでカジュアルだなぁと思う。日本じゃ祝日でもない限り、大量の国旗にお目にかかることはまずないのだ。

「デンマークは〝世界一幸福な国〟って言われてるよね。おっちゃんも幸せ？」

「もちろんだよ。愛する家族と、幸せに暮らしてるからね〜」

「ねぇ、なんでデンマーク人は幸せなんだと思う？」

「そうねぇ。デンマーク人は平等意識が強いから、人と競おうとしないんだよ。僕たちはハングリー精神がないから、ガッカリすることもないし、それが幸せに繋がってるのかもね〜」

幸せのハードル、低っ!!　まぁ確かに、人と自分を比べている限り、心に平安はやってこないよなぁ。昔ほど人と自分を比べなくなって、私もどれだけ生きるのがラクになったか分からないのだ。

一見シャイなおっちゃんは話し始めるとひょうきんになり、話が複雑になってくると、何度も聞き返すハメになる。アジア旅だとブロークンな英語で乗り切れるのに、欧州の「英語ができる国」の人たちは、ネイティブばりに英語がペラペラなのだ。公用語はデンマーク語だってのに、なんて教育が行き届いてるんだ！

30分も走ると、「あそこだよ〜」とおっちゃんがニコニコ顔で言う。

タクシーを降りると、緑の広がる公園の奥に、2階建てのこぢんまりとしたホステルが建っていた。ガラス張りのドアを開けると、え、ここが安宿!?　と目がテンになる。広々としたロビーには赤や茶のロングソファが幾つも置かれていて、壁に掛かった絵や写真、観葉植物に至るまで、こじゃれたカフェのような雰囲気だったからだ。この中に「66人部屋」があるとは信じられないくらい、開放的でスタイリッシュな宿ではないか。

フロントには、Tシャツにソフト帽を合わせたオシャレな兄ちゃんがいて、「ハーイ！　さっき電話をくれた、てるこだね！」と明るく声をかけてくれる。

まわりを見回すと、ロビーには世界中からやって来たとおぼしき旅行者たちの姿があり、パソコンに向かっているねえちゃんもいれば、ひとりで音楽を聴く兄ちゃんに、ビールを呑んでいるグループもいる。こんな深夜にもかかわらず、なんとも自由な雰囲気だ。

「あなたはデンマークの人？」とフロントの兄ちゃんに聞いてみる。

「いや、僕はスコットランド人だよ」

「スコットランドの民族衣装、タータン柄でおしゃれだよね！　独自の文化を持っているスコットランド人は、自分のことをブリティッシュ（英国人）とは思ってないんだねぇ」

私がそう言うと、兄ちゃんは肩をすくめて言う。

「イギリスはパスポート上のものさ。僕のアイデンティティは、スコットランドだもの」

ナイスガイな兄ちゃんの名前はマイク、32歳。マイクの語源は「天使ミカエル」だよなと思い、「マイクはクリスチャンなの？」と尋ねてみる。

「いや、僕は宗教を信じてないよ。僕の家族でクリスチャンなのは、母だけだからね〜」

お酒も呑めるというのでビールを注文すると、マイクが軽快に動き、デンマーク産のカールスバーグをサーブしてくれる。

「マイクって、動きにキレがあってダンサーみたいだねぇ。なんでデンマークに来たの？」

「いろんな経験をしたかったからさ。ここで働いてると、世界中の人に会えるしね。僕は音楽が好きだから、毎週、仲間と一緒にライブハウスで演奏してるんだ」

「へ〜、ステキだねぇ。マイクはさ、いつかプロのミュージシャンになりたいと思ってるの？」

「いや、僕は音楽を楽しみたいだけだから、プロは目指してないよ。将来は自分の家を自分で設計したいと思って、建築を学び始めてるところなんだ。自分のやりたいことをやりたいときにできるから、僕は今のままで十分幸せさ」

「同感！　それが一番だよね〜」と、思わず身を乗り出し、マイクとハイタッチを交わす。

フロントにあったハイチェアに座ってマイクと話していると、ものスゴい覚悟で日本を旅立ったテンションはどこへやら、深夜ふらっとバーに立ち寄るような気軽さで、デンマークにやって来たような気分になる。ロビーのオープンな雰囲気といい、マイクのフレンドリーな感じといい、気持ちがのびのびするなぁ！

マイクと話し込んでいるうちに、白々と夜が明けていく。外に目をやると、朝の光が街を染め始めている。光を反射して輝く街並み、公園のみずみずしい緑、居心地のいいロビー、気のいいマイクの笑顔……。着いてまだ数時間、何があったワケでもないけれど、デンマークに来た甲斐があったなぁと思う。

あぁ、私は、世界のいろんな日常を見てみたいのだ。私が家でパソコンにへばりついて仕事しているときにも、コペンハーゲンにはこんな夜明けがあって、こんなふうに生きている人たちがいるのだということ。私が動きさえすれば、宿の深夜シフトの兄ちゃんと意気投合してハイタッチできたり、異国の朝の始まりに立ち会うこともできるのだ。

そろそろ寝なければと思い、マイクにおやすみを言い、いざ66人部屋へ向かう。

ロビー奥のドアを開けると、そこは暗く細長い空間で、2段ベッドが所狭しと並んでいた。66人部屋は、33個の2段ベッドがひしめく、鰻の寝床のような空間だったのだ。

寝ている旅行者たちを起こさぬよう、2段ベッドと2段ベッドの間を忍び足で歩くと、そこはまるで〝万国ハダカ男博覧会〟。上半身裸のギリシャ彫刻みたいなボディのイケメンに、パンツがズレてる半ケツ男、寝っ屁をこいてる胸毛野郎と、年齢から体のフォルムまで千差万別だ。

「ンゴォ〜、プスゥ〜、むにゃむにゃ〜、ンゴォ〜〜」

イビキをかきつつフガフガ寝言を言ってるヒッピー風の兄ちゃんの横を歩きつつ、これだけ大勢の人がいると、男女共同部屋でも安全だなぁと思う。

指定されたベッドは2段ベッドの上部だったので、はしごをそろりそろり上がり、ようやく今夜の寝床に到着。2段ベッドの上から大部屋を見渡すと、いまだかつて見たことがない、世界中の男の〝寝姿コレクション〟的な光景が広がっていて、なんとも壮観だった。

にしても、66人って！　66人で一緒に眠ることになるなんて、なんだか笑いがこみ上げてくる。一昨日は自宅のベッドで寝ていたことを思うと、凄まじいギャップで、想像すらできなかった異世界なのだ。物価の高い国にあって、1泊130kr《クローネ》（約1870円）は安いわなぁと思いつつ目を閉じると、気を失ったかのように意識が遠ざかっていく。

昼前に起きてチェックアウトを済ませ、夕方まで宿に荷物を預けた私は、昨夜マイクがオススメしてくれたレストランへ向かった。

晴れ渡った空の下、通りに面したレストランのオープン席に座ると、ネクタイ&ベストでビシッと決めたウェイターのおっちゃんが、きびきび動きつつ注文を取りに来てくれる。ロ

自由でのびのびした雰囲気のマイク

心優しいタクシーのおっちゃん

深夜にウエルカムしてくれた安宿は、都会のオアシス！

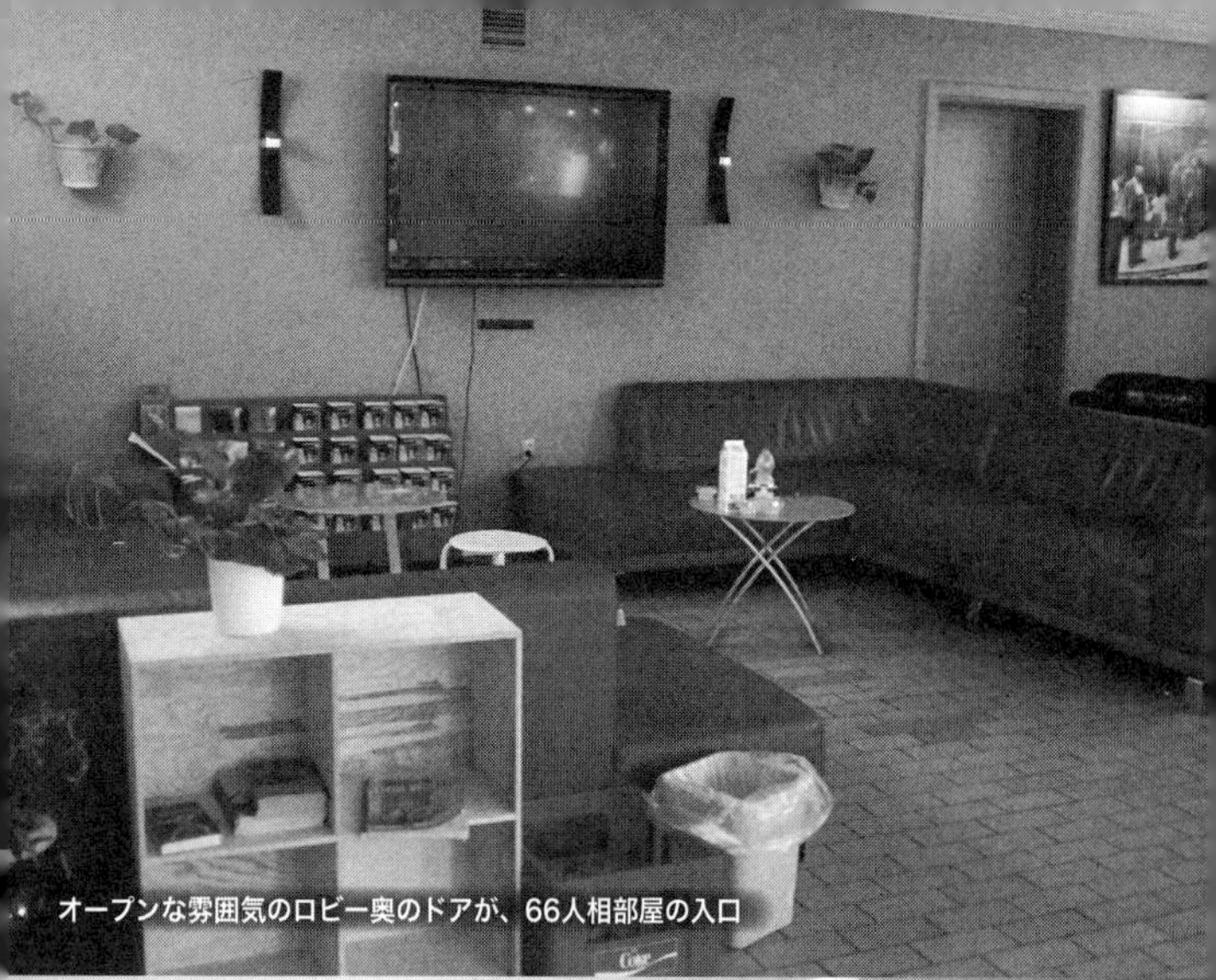

オープンな雰囲気のロビー奥のドアが、66人相部屋の入口

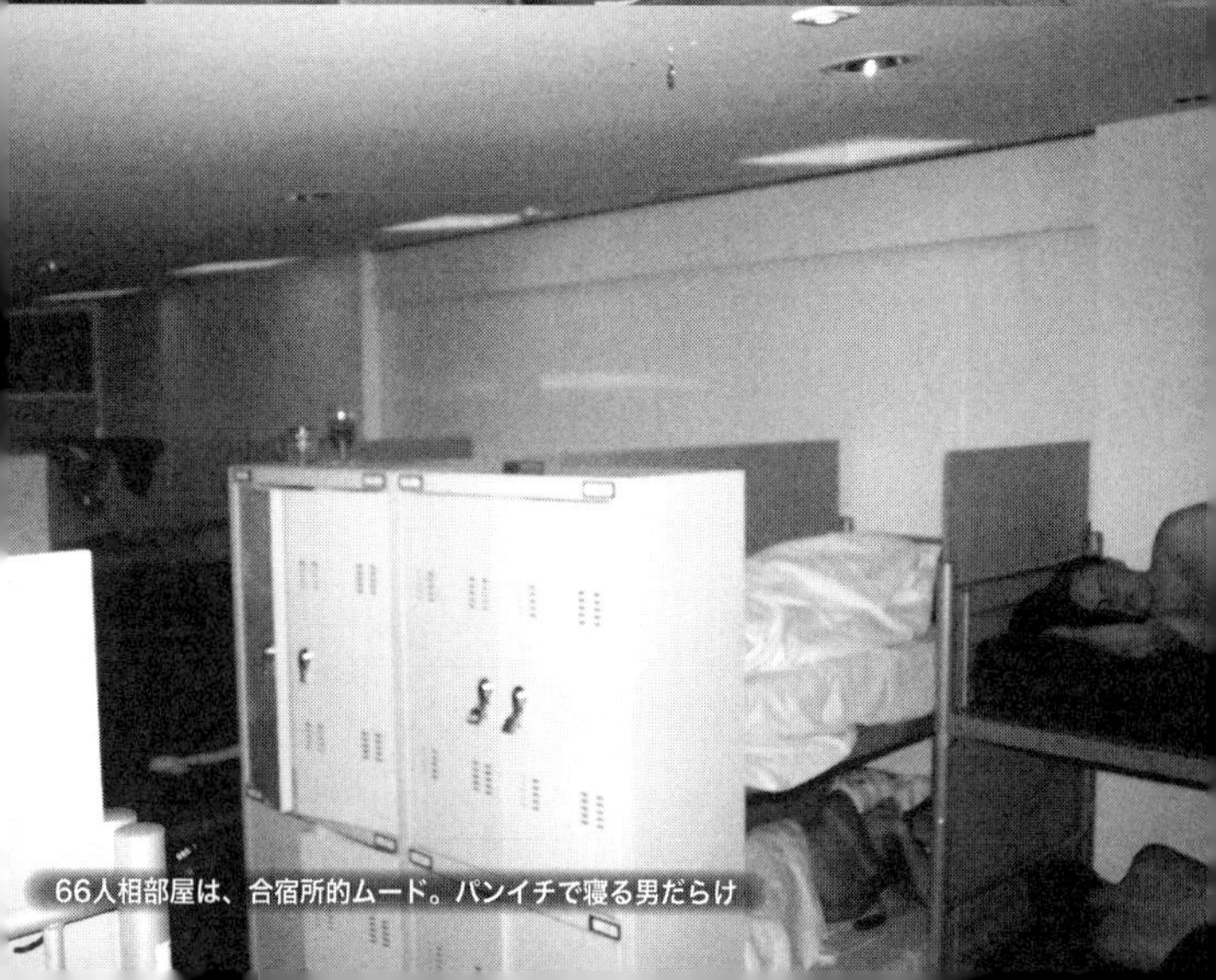

66人相部屋は、合宿所的ムード。パンイチで寝る男だらけ

ーカルフードで一番のオススメを聞くと、おっちゃんは「僕なら『スモークうなぎ』を食べるね！」とにっこり。

「じゃあ、その、スモークうなぎと、デンマークビールを！」

運ばれてきたうなぎを食べてみると、絶妙なスモーク具合がうっま〜!!　生まれて初めて食べる〝うなぎの薫製〟は、甘い蒲焼きとは一味違う大人テイストの渋い旨味で、舌鼓をポンポコ打ちまくってしまう。ふわっふわのスクランブルエッグ、西洋わさびの利いた付け合わせも、コクのあるうなぎと相性バツグンだ。

軒先に掲げられた国旗を指し、「デンマーク人って、ホントに国旗が好きだね〜」と言うと、ウェイターのおっちゃんがウインクしてみせる。

「僕たちはデンマークを愛してるからね〜！」

「愛国心がオープンだねぇ。デンマークは幸福度が高いっていうけど、ホント？」と聞くと、おっちゃんはニコニコ顔で言う。

「もちろん！　み〜んな平等がモットーの国だからね」

「マジで、ホントにみんな平等なの!?　でもほら、仕事によって給料の差はあるでしょ？」

「そりゃ少しはあるけど、この国は欧州で一番、所得差がないんだよ。デンマークは土地の高低差がないフラットな国なんだけど、人間にも高低差がないんだ」

確かにここに来るまでに、介添えなしで車椅子に乗っている人をたくさん見かけたなぁと思う。これは何も、ハンディキャップを持った人の割合が多いのではなく、ハンディキャップを持った人が気後れすることなく、気軽に外出できるバリアフリーな環境だからなのだ。

「でもさ、税金がバカ高いじゃん！　物価が高すぎて、働くのがイヤになんない？　こんなになんでも高いと、将来に備えて貯金なんかできないでしょ？」

さっき水のペットボトルを買ったら500円もしたので、私はドン引きしてしまったのだ。

「収入の半分近くは税金に持っていかれるけど、払っただけのサービスが受けられるから、不満はないよ。それに、僕らは貯金する必要がないんだ。税金が〝貯金通帳〟みたいなモノだからね」

「へーっ、税金が貯金通帳！　それって、老後の心配もないってこと？」

「医療も介護もタダだし、福祉が充実してるから将来への不安はないよ。大学まで学費はタダだし、大学生になれば国から生活費も出るから、子どもにお金がかからないしね」

「将来への不安がない！　教育費もタダ！」と目を丸くすると、おっちゃんは笑顔で言う。

「みんなでハッピーが一番さ。僕らは、みんながみんなのために働いてるからね」

「そう言い切れるなんてスゴいね〜！」

はぁ〜っ。「みんながみんなのために働いてる」かぁ……。でも確かに、学生時代にひとり暮らしを始めた頃、自分で電気や水道の手続きをしたり自炊するようになって初めて、「この世のすべては、誰かの仕事の結果だったんだ！」ということに気づいて、この世界がどうやって成り立っているのか、初めて分かったような気分になったものだった。

働いている人はみんな、何らかのサービスを提供して人の役に立っているし、子育てをしている人は、次世代を担う人材を育成中。普段いちいち意識していないだけで、この世のすべては、電車もガスも水も食べ物もスマホも娯楽も、誰かが懸命に心血を注いでくれたおかげで存在しているということ。どんな人も、生きる上で必要なすべてを、自分ひとりでは用意できない。人は、数えきれないほどたくさんの人の力を借りずには、生きていけない存在なのだ。

今まで私は「ま、国民の義務だしなぁ……」と思って、しぶしぶ税金や社会保険料を納めてきた。おっちゃんのように税金を貯金通帳とまで思ったことはないものの、税金はいわば、みんなで社会を支えるための「会費」みたいなモノ。私の納めた税金は、水道や道路、警察や消防といった公共サービスや、教育、医療、福祉といった公共の助け合いのために使われてきたのだ。

自分が税金を払っている理由が、思いっきりクリアになった気分だった。今後も私はどしどし働いて税金を払うから、国のために、必要な人のために、どしどし税金を使ってもらいたい。そして、自分に万一のことがあってどうしても働けないときには、社会復帰できるようになるまで、福祉のお世話になることもあるだろう。「困ったときはお互い様」で助け合う制度そのものが、縁あって同じ国に住む者同士、みんなで生きている意味なのだ。

通り沿いのテラス席から、いろんな人生が行き交うのを眺める。ベビーカーを押すお母さんに、車椅子に乗った人やお年寄り……。考えてみれば、誰でも赤ちゃんのときはベビーカーの世話になるし、老後は車椅子の世話になりかねないのだ。

大荷物のとき等、駅のエレベーターに助けられることも多いように、マイノリティ（少数派）への配慮は、誰にとっても生きやすい社会を作るのだということ。一生、病気にならず事故にも遭わない人なんてこの世にいないことを考えると、バリアフリーはどんな人のためにも必要なのだ。

ネットで検索すると、デンマークは九州ほどの面積で、人口たった600万人！　資源のない小国で、よくぞこれほどの〝高福祉国家〟を運営できるものだと感心してしまう。「資本主義」ベースに、「社会主義」的な考え方を取り入れた、北欧の「社会民主主義」を目の当たりにし、デンマークは民度の高い国だなぁと唸《うな》らずにはいられなかった。

食後、デンマークの名所「ニューハウン」に向かうと、運河に沿って両側に、カラフルな建物がぎっしり並ぶエリアが見えてきた。オレンジ、ブルー、イエローと色とりどりの木造家屋が軒を並べていて、おとぎ話の〝メルヘンの国〟に来たような気分になる。

ニューハウンにはレストランが立ち並び、テラス席はどこもかしこも人であふれ、河をゆく遊覧船にも人がみっちり乗っている。今はちょうど、欧州のバカンスシーズン。ここは北欧を代表する観光地なだけあって、世界中からとてつもない数の旅行客が押し寄せているようなのだ。

運河沿いでカラフルな家並みを眺めていると、若いイケメンの兄ちゃんが声をかけてくる。

「これに乗って、街を一周してみない？」

見ると、赤いボディに黄色の幌が付いた、遊園地の乗り物チックな〝観光自転車タクシー〟だ。デンマーク人ともっと話したかった私は、自転車タクシーに乗ってみることにした。

細マッチョな金髪の兄ちゃんが、勢いよく走り出す。自転車タクシーは、両側からテラス席が張り出しているような細い路地も、ぐいぐい駆け抜ける。たかが自転車だと思ったら、これがなかなかどうして、スリル満点ではないか。

ペダルを漕ぐ兄ちゃんに「あなたはデンマークの人？」と聞いてみる。

「いや、僕はポーランド人だよ」「ポーランドの人だったんだ！」

つたく、デンマーク人はどこにいるんだよ～と思いつつ「なんでまたデンマークに？」と聞いてみる。

「僕は大学生なんだ。今は夏休みだから、1ヵ月間、バイトしに来てるんだよ」

「え、夏休みのバイトで外国に!?　そっか、同じEUだからかぁ」

EUの「シェンゲン協定」の加盟国の人たちは、国境検査ナシで国境を越えることができるのだ。私も、初めに訪れたデンマークで入国審査をしたので、これから訪れるEUの国々ではメンドーな出入国審査を受けずに済むという、旅行者にとっても夢のようなシステムだ。

「デンマークじゃ、1日200ユーロも稼げるんだよ。ポーランドの1ヵ月分のバイト代が、たった4日で稼げるんだ。景気の悪い国に住んでるんだから、夏休みは景気のいい国でバイトするに限るよ〜。ルーマニア、ブルガリア、チェコの学生なんかも来てるよ」

はぁ〜っ、なんという国際感覚！　彼らは外国に出稼ぎに行くことに、これっぽっちもハードルを感じていない。私はしみじみ痛感した。日本人が外国を「海外」と称してことさら恐れるのは、日本が海に浮かぶ「島国」だからなのだ。

そして、バカンスシーズンの今、欧州中はまさに〝フルーツバスケット〟状態。ヨーロッパ中からデンマークに人が押し寄せる一方、デンマーク人はヨーロッパ中に出かけているんだろう。陸続きだからとはいえ、なんて軽々と国境を越えていく人たちなんだ！

緑の美しい公園を抜けると、海沿いにちょっとした人だかりができていた。

絶品のスモークうなぎにクラクラ

いい感じに年を重ねているミドルたち

遊園地気分になる自転車タクシー

胸元の開きが欧州っぽい着こなし

デンマークのファンキーガールたち

ベビーカーを押す白髪のステキなマダム

道を教えてくれた陽気な兄ちゃん

仲良し親子。北欧は金髪率高し

「あれは、アンデルセンの童話、『人魚姫』の銅像だよ」と兄ちゃんが教えてくれる。

そうか、デンマークは、創作童話の作家、アンデルセンを生んだ国だった。ネット検索してみると、シンガポールの「マーライオン」、ベルギーの「小便小僧」に並んで、デンマークの「人魚姫の像」は〃世界三大ガッカリ名所〃なんて揶揄《やゆ》されているではないか。

自転車タクシーを降り、人混みから覗《のぞ》いてみると、岩に横座りした人魚姫の小さな銅像が建っていた。人魚姫、確かにちっちゃ!!

なんとも素朴な人魚姫像は、フツーの女性と同じような大きさで、いわば等身大のサイズ。あまりにも地味な銅像に肩すかしを食らったものの、これがもし「自由の女神」級の巨大なマーメイド像だったら、どう思っただろう。

「オラオラどーだ！　ウチの国のスケールはでかいだろ〜？」とこれみよがしな感じがして、それはそれで引くよなぁと思う。この控えめな銅像は、「みんな平等」がモットーな国にピッタリな、〃等身大サイズ〃なんじゃなかろうか。

世界中から集った観光客が小さな人魚姫を指さし、やいのやいの文句を垂れつつ記念写真を撮る姿を見ていると、なんだか人魚姫が気の毒で（ガッカリって言うなー！）と心の中で絶叫したくなる。コペンハーゲンの街を見守るべく、人魚姫は来る日も来る日も、ここでけなげに佇んでいるのだ。

思えば、アンデルセンの童話は子どもの頃に読んだきりなのに、今だに大まかなストーリーを覚えている。「みんなと違ってもいいんだよ」と教えてくれた『みにくいアヒルの子』、「エラそうにしている人は恥ずかしい大人」だと教えてくれた『裸の王様』、「どんな人も変わることができる」と教えてくれた『雪の女王』（映画『アナと雪の女王』の原案）等々……。よくよく考えてみると、どの話にも貫かれているのは「みんな平等」の精神だ。

私も少なからず、デンマークが生んだアンデルセンの影響を受けて大きくなったことを思う。デンマークなんて縁もゆかりもない国だと思っていたものの、来てみると、何かしらの影響を受けていることを感じずにはいられなかった。

ヨーロッパも日本も、世界中、みんな繋がっているのだ。

オランダ★アムステルダム

金髪&超長身なオランダの兄ちゃんたちと呑んだくれ

夕方、コペンハーゲン中央駅から、ドイツ経由でオランダのアムステルダムを目指す。

流線型のしゃれた列車に乗り込むと、私の予約席の隣には、すでに人のよさそうな兄ちゃんが座っていて、「ハーイ」と挨拶《あいさつ》してくれる。日本じゃ新幹線でも隣席の人に挨拶しないのがフツーなので、いつでも気軽に交わされる、欧州の「ハーイ」は新鮮だなぁ！

「ハーイ。私はドイツのハンブルクまで行くんだけど、あなたも？」

「そうだよ～。僕は何度も行ってるから、乗り換えるタイミングが来たら教えるね」

兄ちゃんの名前はマホメット、33歳。衣料品メーカー「ZARA」のコペンハーゲン店で働いていて、今は夏休み中。これから3週間かけて、ドイツやオランダを旅するのだという。

「マホメットは、ムスリム（イスラム教徒）だよね。デンマークで生まれたの？」

「いや、違うよ。生い立ちを話すと複雑なんだけど、僕はイラン人なんだ」

「お～、イラン！　私、前に旅したことあるよ。ペルシャ遺跡が素晴らしかったわ～。ただ、私のような外国人も、女は頭にスカーフを被らなきゃならないのがキツかったなぁ」

「革命以来、それまで進んでた欧米化が封印されて、戒律が厳しくなったからね」

　1979年に起きたイラン革命は、イスラム化を求める革命でもあったので、イランではどんな女性も頭にスカーフを巻くよう義務づけられることになったのだ。

「でも、じつは僕、イランのことをよく知らないんだ。イランが自由のない国になってしまって、革命の3年後、僕が4歳のとき、家族で隣国のアフガニスタンへ亡命したから」

「亡命！　でも、アフガンもその後、大変だったでしょ？」

「アフガンは今も戦争中だからね。お、終点に着いた。この列車は、ここでフェリーに乗り換えるんだよ」

　列車から降りると、目前に海が広がり、港には巨大なフェリーが停泊していた。西ヨーロッパに向かうべく、いよいよ海を渡るのだ。

　フェリーに乗り込み、甲板に出ると、広々としたテラスにはテーブルやイスが置いてあり、みなが思い思いの時間を過ごしている。

「うわ〜、気持ちいい〜。私、飲み物を買ってくるよ。マホメットも何か飲む？」

「荷物は見ておくから、てることは遠慮せず、好きなものを買っておいでよ」

　お言葉に甘えてビールを買いに行き、西欧行きの航路に乾杯する。澄み渡った青空の下、風に吹かれながら船上で呑むビールは格別だった。

「で、アフガンに住んでたマホメットが、どうしてデンマークに？」

「9・11《セプテンバー・イレブン》（2001年に発生したアメリカ同時多発テロ）が起きた頃、僕は大学を卒業して23歳だったんだ。すぐにアメリカ中心の有志連合による空爆が始まって、大勢の民間人が殺されるようになって……。アフガンに未来はないと思ったから、僕はひとり、国を出る決意をしたんだよ」

アメリカ側の「テロと闘う！」という勇ましい宣言を聞くと、いかにも正義の戦争をしているように思えるものの、実際は誤爆も多く、アフガンでは毎年5千人以上の民間人が犠牲になっているというのだ。9・11の首謀者とされるテロリスト、ウサマ・ビンラディンを、アフガンのタリバン政権が匿《かくま》ったからといって、何の罪もない民間人が爆撃で殺されるなんて……。

というか、そもそもビンラディンは、アメリカが対ソ連戦のために肩入れした武装勢力から頭角を現した人物であって、ビンラディンを育てたのはアメリカなのだ。大国が武力で軍事介入しても物事は解決せず、むしろ憎悪やテロの温床になってしまっているという事実。アフガンの人たちからすれば、アメリカこそテロ国家だろう。

マホメットの亡命ルートを聞くと、まず陸路でギリシャへ向かい、EUに移住するための庇護《ひご》申請をしてパスポートを取り、飛行機でフランスへ。その後、陸路でドイツに入り、フエリーで海を渡り、デンマークまで来るのに3ヵ月もかかったのだという。

「僕の家族は、今もアフガンに住んでるんだ。紛争は今も続いているから、この10年、アフガンには一度も帰れないままだよ」

なんてこと……。革命の起きた祖国から亡命することも、亡命先で戦争が起き再亡命することも、日本人の私には考えられないことだった。

「マホメットは、デンマークに来てよかった？」

「もちろん！　初めはデンマーク語がまったく話せなかったから苦労したけど、とてもいい国だもの」

海の方に目をやると、一羽のカモメが悠々と空を舞っていた。カモメは本来、群れで生きる鳥なので、群れずに飛ぶカモメを眺めていると、孤高のカモメにエールを送りたくなってくる。私もマホメットも、慣れ親しんだ場所から思いきって飛び出したんだけど、おまえも勇気を出して群れから飛び出したクチ？　フェリーにも乗らず、自力で国境を越えられるなんて自由だねぇ。でも今、私もひとりで旅していて、とっても自由な気分だよ！

晴れ渡った青空の下、フェリーは穏やかな海を静かに進んでいく。

23歳のとき、育った国から遠く離れて生きることを選んだ、マホメットの波瀾万丈な人生を思う。マホメットは、家族も友人もいない未知の国へ向かう中、どれだけ不安で、でも、

気のいいマホメットと船上の人に

大空を舞うカモメにホレボレ

乗換えバスで出会った陽気なメガネコンビ

どれだけ未来に期待を膨らませて、このフェリーに乗っていたんだろうと想像せずにはいられなかった。

1時間の船旅後、港からバスに乗り換えてハンブルクに着くと、夜の8時を過ぎていた。とはいえ、まだ昼間のように明るく、「夜」という感じが全くしない。通常、夜の街は人通りも少なく治安が気になるものの、これだけ明るくて人通りが多いと、「昼」が長いと思えるほどだ。日没が遅い夏のヨーロッパは、冬に来るよりもずっとおトクな感じがするなぁ！

ハンブルク中央駅に着くと、マホメットの友だちが迎えに来ていた。

「てるこはこれから夜行に乗るんだよね。いい旅を！」

「マホメットも、すてきなバカンスをね！」

ふたりの後ろ姿が、あっという間に雑踏の中に消えていく。5時間近く一緒だったマホメットと別れると、なんだか急にひとりになってしまったような気がした。

駅構内のピザ店で夕食を済ませた後、レストランやショップのある2階のコンコースから、眼下の巨大なホームを見渡す。いつのまにか日が暮れ、駅全体を覆うガラスのドームを見上げると、夜空は暗闇に包まれている。

10車線以上あるホームに、ぽつぽつ点在している旅行者たち。コンコースとホームを繋ぐ、近未来的な雰囲気の長いエスカレーター。夜のとばりの中、ホームだけが人工的な照明で輝いているせいで、なんだか駅全体が闇の中に浮かんでいるように見える。まるで映画に出てくる「宇宙ステーション」のセットみたいだ。

『銀河鉄道999《スリーナイン》』の世界観を偲ばせるような中央駅を眺めていると、たったひとりで宇宙を旅しているような、なんともいえないセンチな気持ちになる。ターミナル駅に到着する数えきれない列車の中から、どの列車に乗るかで、旅先も出会う人も全て変わってしまうのだ。あぁ、旅はなんて選択の連続なことだろう！

深夜0時半、ホームに入ってきたアムステルダム行きの列車に乗り込む。車内は揺れもほとんどなく、寝台に備えられたシーツは清潔そのもので、想像以上に快適な列車旅だ。

車窓を眺めると、満天の星が広がっている。やっぱり夜行列車の旅情はたまんないなぁ。持参したウイスキーを呑むと、胸がグッと熱くなる。くぅ〜っ、40度の酒は効く〜！

欧州の地を踏んで、まだ丸一日しか経っていないのに、なんて濃く長い一日なんだろう。スコットランド人のマイクにしても、イラン人のマホメットにしても、異国でたくましく生きている人たちとの出会いが、私にはたまらなく新鮮だった。島国にいたままだったら知る由もなかった、いろんな国のいろんなリアルが視野をぐいぐい押し広げてくれるこの感じ！

会社員時代、私はよく、人は自分の未来を選べるんだろうか、と考えたものだった。このまま会社に勤め続けて、いつか60歳になって定年を迎えるのかと思うと、なんだかゾッとした。そんな未来を思い浮かべても、ちっともワクワクしなかったあの頃……。

でもきっと、本当は、人は自分の生きる道を選べるのだ。私が無数の列車の中からアムス行きの列車を選んだように、どんな人生が待つ列車に乗るかは、その人次第なのだ。

思えば、選択肢のなかった子どもの頃は、来た列車に乗るようなノリで近所の学校に通った。その後も「まわりがみんなそうするから」という理由で高校行きの列車に乗り、社会に出るのを遅らせたい一心で、大学行きの列車にまで乗ってしまった。そして、就活で50社落ちた果てに映画会社に入社できたものの、年を重ねるにつれて会社への執着が強まり、「この列車から降りるものか！」と必死にしがみついていたのだ。

18年間、毎日乗っていた列車に乗るのをやめてしまった人生を思う。独立なんて無理！と思い込んで、心の奥底では列車を乗り換えたくてたまらなかったのに、ずっと「この列車から降りない」という選択をし続けてきた日々。あぁでも、私はようやく、自分がワクワクできる列車に乗り込んだんだ！

深夜2時を過ぎても、この旅初の夜行列車で興奮しているせいか、なかなか寝つけなかった。今日出会った善き人たちの顔が、脳裏に浮かんでは消える。明日はどんな出会いがあるんだろう……。列車の揺れがだんだん心地よくなってきて、私は深い眠りに落ちていった。

朝10時、アムステルダムに到着。外に出ると、アムステルダム中央駅の全貌を見渡すことができた。澄み切った青空の下、赤レンガの優雅な駅舎がそびえ立っている。中央に金の王冠がシンボリックに輝き、左右にシンメトリーな時計塔を抱えた駅舎は、まるでお城のようなフォルムでほれぼれしてしまう。

駅前から街を見渡すと、放射線状にトラムの路線が広がっている。人生2度目のオランダ。トラムに乗ってどこへでも気軽に移動できそうなアムスは、とびっきり開放感があって、いつ来ても自由な雰囲気だ。

駅前のツーリスト・インフォメーションで宿の予約を済ませ、サイクルツアーを開催しているレンタサイクル店へ向かう。国民1人当たりの自転車の保有台数が世界一（1人1台以上！）だというオランダでのミッションは「〝自転車先進国〟でレンタサイクルを満喫すること」だったからだ。

昼過ぎ、「アムス市内観光ツアー」に参加すると、集まった十数名は殆《ほとん》どが欧米人だった。

「ハーイ。僕の名前はカール、アムス出身だよ。みんな、僕の後についてきてね〜」

すらっとした長身で、金髪&青い目のカールがツアー客を誘導し、いざ出発！

世界遺産にもなった美しい街並みを眺めつつ、運河が張り巡らされた「水の都」を走る。

アムスは自転車専用路が整備されているおかげで、ペダルに力を入れずとも、信じられないぐらいスイスイ漕ぎ進む。フツーのスポーツ自転車なのに、まるで〝魔法の乗り物〟にでも乗ったような、抜群の乗り心地なのだ。

ときどき、カールが観光スポット前に止まってガイドしてくれる。

「道がフラットで走りやすいでしょ？　オランダは国土の4分の1が干拓地なんだ。オランダ人は『世界は神が造ったが、オランダはオランダ人が造った』と思ってるぐらいだからね」

歴史を感じるクラシックな家並みに、都市の活気を感じるモダンな街並み。アムスはどこをどう切り取っても絵になるなぁ！

みんなでぞろぞろ黄色い自転車で回るなんて、幼稚園児みたいでハズカシいと思ったものの、道に迷う心配がなく、景色に夢中になれるツアーは快適そのもの。しかも、ヨーロッパの夏は湿気がなくカラッとしているので、汗をかかずに済むのがいい。異国情緒を感じる街並みを、ときにのんびり、坂があれば傾斜にまかせ、風になったように走るのは最高に爽快だった。

ツアーを終え、レンタサイクル店に戻ると、夕方の4時を過ぎていた。

「あぁ、楽しかった〜。たっぷり体を動かすと、ビールが呑みたくなるねぇ」

お店で自転車を返しつつそう言うと、陽気なカールがニコニコ顔で言う。

自転車ツアーでガイド中の小粋なカール。街並みがオシャレ！

パンチのあるヒョウ柄の店員さん

運河の街はレトロでスタイリッシュ

観光自転車に乗った陽気な女子たち

「お、ボクもビールが呑みたいと思ってたとこだよ。これから一緒に呑みに行く？」

「呑む呑む！　でも、今ツアーが終わったばかりなのに、もう呑みに行けるの？　残業とかは？」

「あるわけないよ。僕はいつでも自由さ。オランダじゃ、残業は禁止なんだ」

「残業が禁止!?　それって、サービス残業が禁止ってこと？」

「サービス残業」の意味が分からないというカールに、「無給の労働」のことだと説明すると、青い目をパチクリさせている。

「信じられない！　無給で残業させるなんて、現代とは思えない奴隷制だな。オランダじゃ、残業そのものが法律で禁止されてるんだよ」

「残業って、国が法律で禁止できちゃうモノなんだ!!」

カールの言葉があまりにも衝撃的で、私は残業が当たり前だった会社員時代を思い出さずにはいられなかった。これから呑みにいかんとしている、同じ時代に生きている者同士なのに、なんだか自分がものすごく時代遅れの国から来たような気がしてしまう。

ツアー後、ものの5分で仕事を終えたカール&同僚のセムと一緒に近所のバーへ向かう。

テラス席に座り、オランダ産ハイネケンビールで乾杯すると、体を動かした後、青空の下で呑むビールは格別の美味さだった。

「こうやって見ると、やっぱふたりともデカいねぇ」

カールもセムも、ゆうに180センチ以上ありそうな長身。平均身長が、男は約183センチ、女は約170センチもあるといわれるオランダは、「世界一ノッポな国」なのだ。

「子どもの頃、寝てると、体のあちこちが痛かったもんだよ。『イテッ、イデデ～ッ、これ、今、絶対骨が伸びてるな』と思って、毎晩うなされながら寝てたもん」

カールが言うと、セムもうんうん頷く。

「分かる分かる！　寝てると、関節がギシギシ～バキバキ～って、音を立ててるんだよな」

「へ～っ、デカくなるのも大変だねぇ。ノッポになるのは、チーズや乳製品をよく食べるから？」

「あとジャガイモとかニシンもたくさん食べるよ。まわりもデカいから普段は自分がデカいとは思わないけど、東南アジアとか小柄な人が多い国を旅すると、急に巨人になった気分になるねぇ」

「わ、『ガリバー旅行記』みたい！　私は日本だとデカい方だけど、オランダにいると自分が小さくなったみたいに感じるもんね。トイレの便座もやたら高くてさ～」と話していてハッとした。こうやって座ると、私たちの座高は殆ど変わらない。つまり、オランダ人は「背が高い」のではなく、正確に言うと「足が長い」のだ。うぐぐ～。オランダで便器に座ると、足が宙ぶらりん状態で、やけにキバりにくいと思ったら！

「まぁ、首都アムスでいうと、今じゃ西洋人よりも非西洋人の方が多いから、だんだん変わっていくだろうけどね」とカールが言う。

なんと、国際都市アムスの人口は、すでに半数以上が外国人なのだという。東京もいつか、そんな日が来るんだろうか。考えてみれば日本も、相撲の世界では外国人の横綱がすっかり定着し、幕内の外国人力士は3分の1を占めているのだ。

「移民が増えても、貧富の差が広がったり、犯罪が増えたりしないんだ？」

「欧州の中では貧困率が低いし、犯罪も少ない方だよ」とセムが言い、カールが続ける。

「なぜだか分かる？　オランダに住む人が犯罪に手を出さないんじゃなくて、オランダじゃ、犯罪になること自体が少ないんだよ」

「ハッハッハ、その通り！　マリファナも安楽死も売春も、この国じゃ合法だしね」

確かに、オランダで許されていることも、日本でやれば、即逮捕される行為なのだ。「自由」と「寛容」をモットーに国づくりを進めてきたオランダは、世界に先駆けて、画期的な政策を打ち出してきた。２０００年、世界で初めてこの国が同性婚を認めたとき、（キリスト教で罪とされてきた同性愛をよくぞ認めた！　やるなぁオランダ！）と感心したものだけど、その後、欧州の国々も次々と同性婚を認め始め、同性愛者の首相もどんどん登場していることを思う。この国はまさに、世界の〝実験国家〟でパイオニアなのだ。

「カールたちは、クリスチャンなの？」

「いや、僕たちは無宗教だよ。オランダ人の半数以上はそうさ。クリスチャンが激減してて、教会の経営が成り立たなくなってるから、最近は教会が、ホテルや大型書店、ライブ会場なんかにリノベーションされることも増えてるよ」

「15世紀に建てられた教会が、歴史的な建物を生かして、レストランに再生されたりもしてるんだ」とセムが続ける。

「ええ？　教会が商業施設になっちゃってんのー!?」

たとえるなら、室町時代に建てられた寺を〝お寺居酒屋〟に改装するようなイメージか。

ウーム、日本じゃちょっと考えられない話だ。

キリスト教的な価値観が根強いヨーロッパにあって、オランダ人は本当に革新的でチャレンジャーだなぁと思う。でも確かに、若い西欧人と話す度にキリスト教離れを感じるし、そこかしこで西欧文明の行き詰まりを感じるのも事実だった。

「僕は最近、仏教に魅力を感じるよ。家に仏像があるし、ときどき瞑想もしてるんだ。去年、京都、奈良、高野山を3週間旅したんだけど、アートとピースの融合が素晴らしかったよ！」

「へ〜っ、関西だけで3週間も！　カールは普段、休みは何日あるの？」と聞いてみる。

「僕は週休3日、セムは週休4日さ」

「週休3日と4日ぁ!?　そんなちょっとしか働かないで、生活できんの？」

「十分暮らせるよ〜。オランダ人は基本、週休3日だし、週休4日も珍しくないよ」

九州とほぼ同じ面積で、人口1800万人の小国なのに!?　オランダは80年代、大不況で失業率が12％超だったのが、労働時間を短くして雇用を分け合う「ワークシェアリング（ワークシェア）」を導入した結果、失業率が下がり、経済もよくなったというから驚きだ。

「僕たちは、どれだけ稼ぎたいかで、働く時間を自由に選べるんだよ。同じ仕事なら、正規雇用もパートも、時給は同じだからね」とセムが言う。

いわゆる『同一労働、同一賃金（同じ仕事は同じ賃金）』が徹底しているオランダでは、正規雇用とパートの差がなく、どんな人にも年5週間の有給休暇と社会保険が認められているのだという。会社員時代、休みが殆どなく、長期休暇なんてせいぜい数年に一度だったことを考えると、オランダ人は精神的に貧しくならなくていいなぁと思う。まったく、なんつー労働者《ワーカー》天国なんだ！

「僕は、サイクルショップでの仕事は週休4日だけど、ときどき自宅でＩＴの仕事もしてるんだ。今どきひとつの仕事からしか収入を得ないなんて、僕からすればナンセンスさ」

セムが肩をすくめてそう言うと、カールも頷く。

「じつは、僕も起業しようと思って準備してるところなんだ。オランダは、副業が自由だからね。僕たちにとって一番大事なのは、自分の人生を自由に選ぶことなんだよ」

「でもさ、自由には責任が伴うでしょ。たとえば、すぐそこの運河にも柵がないよね。日本なら『危険だから柵を』って話になるけど、この国じゃ運河に落ちても自己責任なの？」

私が聞くと、カールが当然！　という感じで言う。

「もちろん、自由と自己責任はセットだよ。でも、たとえば運河に落ちても、僕らが溺れ死ぬことはまずないね。オランダの学校には『着衣水泳』の授業があって、子どもの頃から服を着たまま浮くトレーニングをしてるから、パニックにならずに済むんだよ」

ううむ、立札を立てたり柵を巡らせるのではなく、「水に落ちても溺れない人間にしてしまう」という発想がスゴい。日本の学校はいまだに、やれ息継ぎのフォームがどうとか、ターンを上手にとか、まだまだ競泳がメインなのだ。カタなんてどーでもいいから、まずは、海難事故や津波に遭ったときのために、〝生きる術〟を教えてよ！　と言いたくなる。

「ね、てるこはさ、仏教徒なの？」とカールが聞いてくる。

「仏教徒ではないけど、チベットとインドのラダックを旅して、仏教ファンになったよ」

「分かるよ～。僕はブータンを旅して、仏教の素晴らしさに目覚めたからね」

ラブ&ピースなカールたちといると話が尽きず、いろんな話がポンポン飛び出す。

「世界から争いをなくすには、どうしたらいいんだろうねぇ」とこぼすと、カールが言う。

「僕は、これからの世界は東洋にヒントがあると思うよ。人類は今まで何百年も西洋中心できたけれど、ガンジーの非暴力とかダライ・ラマの考え方とか、仏教的な考え方や東洋のアイデアは素晴らしいもの」

「ジョン・レノンがヨーコと出会って、名曲『イマジン』を作ったようにね」とセムも頷く。

世界中を旅している、気のいい兄ちゃんたちと呑んでいると、同じ人間同士、人種や国籍なんてモノが無意味に思えてくる。寛容なオランダは世界中から移民を受け入れてきただけあって、通りを行く人たちも、黒人系、イスラム系、アジア系とさまざまだ。多民族がオープンに共存しているオランダは、コスモポリタン(国際人)国家だなぁとしみじみ思う。

人種や宗教の違いを乗り越え、いつか世界中の人が「自分は〝地球市民〟だ!」というアイデンティティを持てる日が来るかもしれない。そんなふうに思わせてくれるオランダは、私にとって人類の希望を感じる国だった。

道を教えてくれたおばちゃん

バリアフリーな道で双子のママも楽チン

水着姿の人も多く、ビーチのような開放感がある公園

ベルギー★ブリュッセル

「ビール王国」で世界中の人とチンチン（乾杯）しまくる夜

朝、宿を出てタクシーに乗ると、ドライバーのおっちゃんが流暢な英語で話しかけてくる。

「オランダの自由は満喫したか～？」

黒いグラサンで決めたおっちゃんはノリがよく、「クレイジーケンバンド」の横山剣みたいな風貌だ。

「きみは日本人だな。いくつだ？」

「お、ビンゴ！　日本人ってよく分かったね。ヨーロッパってあんまり人の年齢を聞かないのに、オランダ人は本当にオープンだねぇ。おっちゃんは……45歳？」

日本の感覚だと50歳過ぎだったが、欧州人は年が上に見えるのでマイナスして言ってみる。

「ほぼ当たりだ！　46歳さ。きみは？　26か？」「んなワケないよ、41」

「マジか！　奇跡だ!!」「欧州人からすると、東アジア人は若く見えるんだよね」

んも～、年齢なんてど～でもいいじゃん、と言いたくなるが、年齢を気にする国で生まれ育った私もつい人に年を聞いてしまうので、人のことは言えんなと思う。

「でもさ、なんで私が日本人って分かったの？」

「ハッハッハ！　オレは世界中の女性とセックスしてきたからな。オランダでセックスは楽しんだか？」

つーか、どんだけオープンなんだよ！　タクシーの運転手と客のよもやま話が、よりによってセックスって！　いくらなんでも踏み込みすぎだろ!?　オランダはタブーが少ないというか、何でもあけっぴろげだなぁ。

「やんないっつーの！　昨日はオランダ人の兄ちゃんたちと楽しくビールを呑んでたよ。でも、なんでセックス？　トークを楽しめばいいじゃない」

「トークもいいが、セックスはもっといい」

なんて単純明快な言葉！　自信に満ちた〝アムスの横山剣〟はあまりにもストレートで、全くイヤラシさがない。さっきバッグを運んでくれたときのホスピタリティあふれる態度からして、剣はさぞや女性を悦ばせるんだろうなと思ってしまう。

アムステルダム中央駅に着くと、剣がてきぱき荷物を下ろしてくれる。チップを渡そうとするも、剣は両肩を上げ、「短距離だったし気にすんな」と一言。

「ありがとう！　今回の滞在は短かったから、オランダ、また来るよ」

「今度オランダに来たときは、セックスを楽しめよ！」

剣が運転席から手を振り、クラクションを鳴らして去っていく。オランダで最後に聞いた言葉が「エンジョイ、セックス！」になるとは……。んも～、やってもないのに、国の印象がセックスになっちゃうじゃん！

ベルギーの首都、ブリュッセル行きの列車に乗り込むと、隣席の、オランダ人の上品なおばあちゃんから「どちらから？」と笑顔で話しかけられた。敬虔なクリスチャンのおばあちゃんはキリスト教系のボランティア団体に所属していて、アフリカ等の貧しい国の子どもたちを救う活動をしているのだという。

心優しいおばあちゃんの話を3時間近く聞いていると、うっかり入信しそうになるほど、おばあちゃんの神様への愛はただならぬものがあった。欧米で慈善活動が盛んなのは、教会がボランティアの母体になっているからなんだなとつくづく思う。

おばあちゃんと話し込んでいたせいで、あっという間に着いたブリュッセル中央駅は、「え、これが中央駅!?」と拍子抜けするほど、何の変哲もないビルだった。歴史を感じたアムスやコペンハーゲンの中央駅とは打って変わって、やたら現代的でアッサリしたものだ。

スマホで検索してみると、フランス、オランダ等、大国に翻弄されてきたベルギーは、独立してまだ200年弱と、欧州の中では歴史の浅い国なのだった。ベルギー独自の言語はなく、人口比でいうと、北部のオランダ語圏が6割、南部のフランス語圏が4割で、南北の仲が相当よろしくないらしい。なぜそんな国にEUやNATO（北大西洋条約機構）の本部があるかというと、南北エリアの中間にあるブリュッセルは、自国内の小競り合いをなだめつつ、EUの国々の対立をなだめる係にもなっているようなのだ。ややこし〜！

駅から一番近いユースホステルへ向かい、ロビーでチェックインの順番を待っていると、日本人らしき熟年夫婦の姿があった。

「こんにちは〜。あの、ユースの予約ってされてますか？」

「ええ、僕らは前もって旅程を作ってて、予定通り動いてるんでねぇ」と言いつつ、ご主人が見せてくれたのは、ベルギーとオランダを16日間で巡る、完璧な旅のスケジュールだった。

「おお、全行程、ユースホステルに泊まらはるんですね！」

「慣れれば気楽やし、安いしねぇ。宿よりも食べるもんにお金かけようと思って」と奥さん。

「同感ですわ〜。ベルギーは〝美食の国〟ですしね」

長旅の私も、毎日1万円のホテルに泊まると、2ヵ月の宿代は60万円になってしまう。しかも、欧米のホテルは大抵バスタブが浅いから、1万円出してもお湯に浸かれるワケではないのだ。それなら1泊数千円で快適なユースホステルやゲストハウスで十分だし、宿代が浮いた分、毎日惜しみなく美味しいモノを食べた方がいいと思っていたところだった。

息のピッタリ合った澤島さんご夫婦

超フレンドリーな〝アムスの剣〟と

中世の雰囲気が残る、ブリュッセルの美しい街並み

滋賀在住だという澤島さん夫婦は、夫の博さんが64歳、奥さんの令子さんは65歳。一緒にランチを食べることになり、まずは旧市街へ。〝世界で最も美しい広場〟と称される「グラン・プラス」に着くと、広場のまわりを華麗でクラシカルな建物が取り囲んでいて、その優美な佇まいに圧倒されてしまう。

広場から続く通りには、レストランや土産物店が軒を並べていて、テラス席では欧米人の観光客たちがビールを呑んでいた。よーし、私も呑むぞ～！　ベルギーでのミッションは、「世界一の〝ビール王国〟で呑んだくれること」。ベルギーは1500種類以上のビールが造られていて、じつは世界一「ビールの種類が多い国」なのだ。

感じのいい店を選び、ベルギーの定番料理、ムール・フリット（ムール貝の白ワイン蒸し&フライドポテトの組み合わせ）を注文し、ベルギー産の生ビールで乾杯する。

鍋ごと運ばれてきた山盛りのムール貝を食べてみると、身がプリッとしていて美味い！　大量すぎるムール貝を前にさすがに飽きると思いきや、玉ネギやセロリで煮込まれたスープが絶妙で、いくらでもバクバクいける。熱々のフリット（フライドポテト）をマヨネーズソースに付けて食べると、カラッと揚がったイモのほくほく感と、これまたベストマッチだ。

食後、令子さんは余ったフランスパンをファスナー付きのビニール袋に入れ、手際よくバターもラップにくるんでいる。

「欧米は食事の量が多いから、夕食の余りを朝食にいただくの。持ち帰りＯＫでテイクアウトの容器をくれる店が殆どだけど、用意しておけば万全でしょ？　ビニール袋、ラップ、タッパーは、旅の〝三種の神器〟よ」

「さすが旅慣れてはりますね〜。ご夫婦でよく旅してはるんですか？」

「今で78ヵ国目ですわ。気になってる国が山ほどあるんで、これから地球をしらみつぶしにしたいと思ってまして」と博さんが言い、令子さんが続ける。

「子育てが落ち着いて、ようやく年2回、海外を旅できるようになったんでねぇ。私らふたり合わせて１２９歳なんで、年齢と同じ数、１２９ヵ国を制覇しようと思ってるんです」

はぁ〜、１２９ヵ国！　世界のユースホステルを渡り歩きつつ、世界地図を塗りつぶすことを目論む60代がいるとは驚きだ。

高校教師だった博さんは今も嘱託《しょくたく》で地理を教えていて、授業中によく世界旅の話を織り交ぜるのだという。旅人と話していると、身近な人から直接、旅バナを聞いた人が多いし、私自身、旅に出たキッカケは旅好きな兄の影響だったことを思う。ネットやテレビには海外情報があふれているけれど、人から直《じか》に聞く話に勝るものはないのだ。

日本のパスポートは、「世界１７０ヵ国以上の国にノービザで行ける」世界トップクラスの自由度を誇るものの、日本人のパスポート取得率はたった23％。日本人４人の内３人は島国から一歩も出ないまま死ぬかもしれないことを考えると、今後はもっと〝旅の伝道師〟としての活動に力を入れて、人が世界旅に出るキッカケになりたいなぁと思う。海外に出たことで、私は初めて、世界の豊かさと日本の素晴らしさに気づくことができたからだ。

それにしても、たまたま同じ宿になったご夫婦が、78ヵ国も旅してきた熟年バックパッカーだなんて、出会いの面白さを感じずにはいられなかった。同じ日本人でも、普段の生活では絶対に会えなかったような人に会えるのが、旅の醍醐味なのだ。

ビールを呑んだら眠さがマックスになってしまい、宿に帰った途端、ドミトリーのベッドで爆睡。3時間ほど寝て目を覚ますと、つぶらな瞳のねえちゃんが声をかけてくる。

「ハーイ、よく寝てたわね〜。私はマリソル、メキシコから来たの。あなたは？」

「私はてるこ、日本人だよ。前にメキシコを旅したけど、本場のタコス、超ウマいよね！」

「うふふ、ありがとう。私もメキシコの料理、大好きなのよ〜」

私も日本をホメられると悪い気はしないものだけど、マリもお国をホメられてうれしかったらしく、小麦色の肌から白い歯がこぼれる。

超ミニワンピ姿のマリは32歳。色っぽいのに爽やかで、黒髪、黒い瞳の彼女は、メキシコ人に一番多いメスティーソ（スペイン人と先住民インディヘナの混血《ハイブリッド》）なんだろう。同じモンゴロイド系の人に会うと親近感を覚えるうえ、メキシコ人のマリはノリがよく、どことなく関西人っぽい雰囲気。しかも、欧米系の旅行者は二人旅が多いのに、マリはユーレイルパスでひとり旅をしているというのだ。

「てるこ、これから呑みに行かない？」「行く行く〜！」

マリと一緒に、夜のブリュッセルに繰り出す。

明るすぎず暗すぎない、淡い光に包まれた、古都の風情漂う街並み。レトロな灯りに照らされた石畳の通りを歩くと、なんともロマンチックな雰囲気で、中世に迷い込んだような気分になる。特に夜のグラン・プラスは、３６０度、豪華絢爛な建物がライトアップされていて、昼とはまた違う、幻想的できらびやかな美しさに見惚れてしまう。

バーのテラス席に座り、マリとベルギービールで乾杯する。オーダーした青リンゴのフルーツビールは、甘酸っぱく爽やかな喉越しでウマし！　マリの頼んだ木苺のビールを呑ませてもらうと、フレッシュな木苺フレーバーも、カクテルのような味わいでイケる。

「今は夏休み中なんだけど、私は普段、幼稚園の先生をしてるのよ」

「マリ、幼稚園の先生なんだ〜。こんなにエロかわいい人が先生だと、初恋の人がマリだっていう幼稚園児が続出しそうだねぇ」

「や〜だもう、アッハッハ！　私は子どもが大好きだから、子どもたちが恋しいわ〜」

マリがそう言いつつ、スマホで写真を見せてくれる。

目覚めたら、マリのキュートな笑顔が飛び込んできた！

「今日は〝屋根のない美術館〟と言われるブルージュを散策したんだけど、美しい街並みより子どもにばっかり目が行っちゃって。ヨーロッパの子どもたちも、とっても可愛いわよねぇ」

スマホには、公園で遊ぶ子どもたちの写真がぎっしり。欧米は肖像権にうるさいから、親から不審者扱いされなかったか心配になるが、マリはちっとも気にしちゃいなかった。

「親にも子どもにも『ハーイ！』って挨拶してから撮ったし、全く問題ないわよ〜」

ミニスカのセクシー美女が公園に現れて、子どもを激写しだしたら怪しい以外の何者でもない気がするが、マリの堂々としたラテンノリが胡散臭さをブッ飛ばしたんだろうな。

可愛いチビッコに会うと私も写真を撮りたくなるものの、欧州ではどこか身構えていたような気もする。どこまでも明るい〝マリ方式〟は、案外正しいのかもしれない。オドオドしていると怪しく見えるし、悪いことをしようとしているワケではないのだから、まずは堂々と「ハーイ！」と挨拶すればいいのだ。で、「撮らせてもらってもいいかな？」と聞いてみればいいし、もし断られても気にせず笑顔で「よい一日を〜」と返せばいいだけの話。よーし、これからは私もマリを見習って、笑顔をたくさんお持ち帰りするぞ！

2杯目のビールを頼もうとすると、ルビー色のフレーバービールが2つ運ばれてきた。

「まだオーダーしてないよ？」と言うと、バーテンダーのおっちゃんがにっこり笑って言う。

「このビールは、他のお客さんからキミたちに♡」

「そんなこと言われたの、初めて！」とマリが目を見開き、私も「なんか夢みたい！」と大興奮。まさか、映画の世界でしか聞いたことがない「あちらのお客さんから」的なセリフを、バーの本場ヨーロッパで聞くことになるとは！

「いったい誰が!?」と辺りを見回すと、向かいのテラス席の、薄毛のおっちゃん&人の良さげな小柄なおっちゃんという、B級映画の脇役チックなコンビが手を振り、投げキッスをしてくるではないか。

アチャー。父が若い頃から薄毛だったのだが「それがなんや？」と全く気にしない人だったので、私は相当〝薄毛フレンドリー〟な人間なのだが、このコンビは無理！　こんなオッサンらに目を付けられるなんて、私らがちょっとイタい、ビターな女二人旅みたいじゃん！

しかも、ニコニコ顔で手を振っている薄毛のおっちゃんは、『鉄腕アトム』に出てくる「お茶の水博士」まんまのヘアスタイル。頭頂部は気持ちがいいぐらいつるつるなのだが、耳の辺りはふわふわの耳当てをしているような感じで、つるつるでありながらフサフサでもあるという、ハイブリッドヘアなのだ。

「あの〜、なんで私らにビールを？」と聞くと、陽気な〝お茶の水博士〟が胸に手を当てて言う。

「可愛い娘さんたちに、美味しいチェリービールをごちそうしたくてね！」

「それはそれは。で、おっちゃんたちは、どこから？」と聞いてみる。

「イタリアさ！」

なんてベタな！　ナンパ大国のイメージまんまじゃん！

そう言われてみると、真っ赤なパンツをはいた〝イタリアのお茶の水博士〟は、白シャツからモジャモジャの胸毛をチラつかせていて、いかにも〝ちょいワル〟発祥地らしい出で立ち。だが、お茶の水博士ヘアのおかげで、全体的にはなんとも残念な仕上がりなのだ。つーか、お茶の水博士のクセして〝ちょいワル〟って！

「髪と胸毛のモジャモジャがお揃いだね」とおちょくってみるも、スーパーポジティブな〝イタリアのお茶の水博士〟は「へへ、胸毛はオレのチャームポイントだからな」と胸を張って誇らしげだ。

「それじゃ、お言葉に甘えて、チンチン！（ラテン語で「乾杯」）」

ご相伴にあずかってビールを呑むと、口の中にさくらんぼの甘酸っぱい香りが広がる。

「うっま〜」「ナイスセレクトね」とホメちぎると、〝お茶の水博士〟がドヤ顔で言う。

「喜んでもらえて光栄だよ。君たちのママに、俺からの感謝を伝えてくれないか。こんなにキュートな女性たちを、この世にもたらしてくれたことに！」

「ギャア〜ッ！」「ひぃぃ〜っ！」

お茶の水博士チックな見た目とギャップがありすぎる、キザなセリフに身悶えしてしまう。

気がつくと、テラス席で呑んでいた面々が、私たちのやりとりを聞いてゲラゲラ笑っているではないか。「スケベなイタリア人に引っかかるなよぉ〜」と、黒スーツ姿の長身の兄ちゃんがハイテンションで声をかけてくる。

「俺はクァンだ。そこのビルのチョコレート店で広報をしてるんだ。よろしくぅ〜！」

「ベルギーの有名な『ピエール・マルコリーニ』の本店ね！　私、お土産に買ったわ〜」とマリが言うと、いい感じに酔ったクァンの同僚のおねえちゃんがマリに抱きついてくる。

「んまぁ〜、ピエールのチョコを買ってくれたの⁉　ベルギー一のチョコよ〜」

酔いどれねえちゃんがマリの頬にブチュ〜ッとキスすると、クァンが「俺にもキスさせてくれ〜」と悪ノリしだして大笑い。いつのまにか、同僚5人と呑みに来たクァンたちに、おっちゃんたちも合流し、てんやわんやの呑み会になっていく。

パリ支店からブリュッセルの本店に転属になったというクァンに聞いてみる。

「パリとブリュッセル、クァンはどっちが好き？」

「そりゃ、ブリュッセルだろぉ〜。俺はフランス人だけど、パリの人間は気取ってて、自分たちを特別だと思ってるからな。でもブリュッセルは自由だ！　俺も自由だぁ〜！」

ハハッ、フランス人にもアンチパリはいるんだなぁと思っていると、へべれけなクァンが

私の旅財布に絵を描いてくれたクァン

〝お茶の水博士〟&連れのおっちゃん

酔ってハメを外しまくる人たちと一緒に呑んだくれ

イスの上に立ち、スマホで映像を撮りながら叫ぶ。

「こんなにも楽しい夜を、俺らだけで独り占めするのはもったいない！　ネットで全世界に向けてライブ配信だぁ〜！」

「こんな、ぐでんぐでんの酔っぱらい映像、世界に配信しなくていいっつーの！」

これほど分かりやすい酔っぱらい、ヨーロッパで初めて見たような気がする。まぁそうは言っても、クァンたちは憂さを晴らす系の悪酔いではなく、あくまで楽しい呑んだくれだったので、私とマリもだんだんテンションが上がっていく。

「私たちは宿で知り合って、それぞれ、メキシコと日本から来たんだよ」

「ベルギーへようこそ！」「イエ〜ッ、チンチ〜ン！」

かつてラテン語圏を旅したときは、ちょっぴり気恥ずかしかった「チンチン」という言葉を、大声で叫べる自分がいる。あぁ、私は堂々と〝乾杯《チンチン》〟できるようになったんだなぁ！

「メキシコ、ジャパン、チンチ〜ン！」

「ベルギー、フランス、チンチ〜ン！」

各国の酔っぱらい同士が乾杯し合う。オレンジ色の淡い光に、みんなの笑顔が照らされている。なーんにも考えず、ただただ楽しい、真夏の夜の夢のようなひととき。ブリュッセルの美しい夜がにぎやかに更けていく。

ドイツ★バッハラッハ

絶景！「古城ユースホステル」でドイツ人とビール合宿

早朝、気合いで起きた。次の旅先ドイツでのミッションは「憧れの古城に宿泊すること」だったので、リーズナブルで人気だという〝古城のユースホステル〟を予約しておいたのだ。

ブリュッセルから列車を乗り継ぎ、昼すぎにドイツのバッハラッハ駅に到着。

澄んだ青空が広がる中、緑の山々に囲まれた、なんとものどかな田舎町だ。ずっと都会続きだったから、空気が気持ちいい〜。

はるか小高い山の山頂を仰ぎ見ると、今日泊まる古城、シュターレック城が目に飛び込んでくる。とんがり屋根の塔を中心にまとまった城郭は、おとぎ話に出てくるような魅惑的なフォルムで、あの城に泊まるのだと思うとウキウキしてくる。

昼食をとろうと思い、ライン川沿いの小さな町、バッハラッハを歩く。中世の趣が残る美しい通りには、白い壁を赤い木枠で縁取った、伝統的な建物が軒を並べている。美しく整った街並みは、〝メルヘンの国〟をモチーフにしたテーマパークのようで愛らしいこと！

レストランで炭火焼きソーセージ＆ザワークラウト（キャベツの漬物）を食べると、さすが本場、肉の旨味が詰まったソーセージは文句なしの美味さだ。にんにくとハーブが練り込んであってコクがあり、焼き加減もいい案配でビールがぐいぐい進む。

　ランチ後、観光案内所で荷物を預かってもらい、名物の「ライン川クルーズ船」に乗ってみる。デッキのテーブル席に座ると、３６０度、緑の大自然に囲まれた中、船はダイナミックなライン川を静かに進んでいく。おだやかな陽射しを浴びつつ、船内で買ったビールを呑んでいると、このままとろけてしまいそうな心地になる。

　川の両岸に点在する中世の古城を眺めていると、説明アナウンスが流れてくる。初めはドイツ語、次が英語で、その次はなんと日本語。だが、日本語を勉強中のドイツ人がナレーションを担当したのか、「てにをは」が妙ちくりんで、ブハッと吹き出してしまう。

「ハーイ、きみは何をそんなに笑ってるの？」

　ひとりでニヤついていると、ランニングと短パン姿の爽やかな兄ちゃんが声をかけてくる。

「今、流れてるアナウンス、日本語がヘンなのがおかしくって」

　宮崎駿が初めて監督した名作アニメ『未来少年コナン』のコナン少年が、そのまま大きくなったような風貌の、兄ちゃんの名前はクリス。チリ人だというクリスは、先住民インディヘナの血を引いているらしく、出会ったそばから親近感を覚えるアジア風のルックスだ。

　クリスは自然児っぽい雰囲気とは裏腹に、チリの首都、サンティアゴで弁護士をしているのだという。仕事を聞かれ、「私はトラベラーで、旅の体験を本に書いてるんだ」と言うと、クリスは目を大きく見開いた。

「ワォ！　きみに嫉妬しちゃうな。僕もてるこみたいに、もっと世界中を旅してみたいよ」

「クリスも3週間の夏休み中なんでしょ。休みのない日本人からしたら大嫉妬だよ～」

話し込んでいると、クリスが別の旅先で出会ったというメキシコ人カップル、イバン＆アントニオと偶然再会し、欧州のどこがよかった話でわいわい盛り上がる。

みんなで写真を撮ろうという流れになり、クリスがさりげなく私の肩に手を回してくる。

「あなたたち、いい雰囲気じゃな～い。クリス、彼女いないんでしょ。てるこが彼女になってくれるんじゃない？」とイバンが言うと、クリスがコナンよろしく快男児な笑顔で言う。

「てるこさえよければ、僕もそうなればいいなぁって」

キャ～ッ！　ヒィ～～ッ！　内心身もだえしつつ、ハッと我に返る。旅立つ前、留学経験のある女友だちがくれた「2ヵ月も旅するなら、一応コンドームを持っていきなよ～」という助言を思い出したのだ。

そのときは、（ま、備えあれば憂いなしか）と納得しかけたものの、わざわざ持っていくなんて、旅先でのアバンチュールを期待して旅立つように思えてきた。というか、いくら性欲の薄い私でも、お守りの如くコンドームを携えていたら、知らず知らずのうちに「カモーン！」的なフェロモンを漂わせてしまうんじゃなかろうか。備えあれば憂いなし、ならぬ、備えあるからカモーン。それじゃあ本末転倒だ。ぶるんぶるん首を振り、持ち物リストからコンドームを除外した私は、意識的に恋心にフタをして日本を旅立ったのだ。

「僕はしばらくドイツにいるから、時間が合えばごはんを食べようよ。いつでも連絡してね」

別れ際、クリスは連絡先を教えてくれたものの、見えない貞操パンツをはいている私は、〝君子危うきに近寄らず〟な女。ここで油断したが最後、「旅の予定が狂う」↓「帰国の便に乗り遅れる」↓「翌日の講演をドタキャン」という流れになりかねん。旅に出てまだ5日目、こんなしょっぱなから旅程の全く違う〝チリのコナン〟と恋に落ちている場合ではないのだ。

クルーズ船が港に戻り、時計を見ると夕方の5時20分。いかん、乗船前に観光案内所に預けていた荷物をピックアップしに行かねば！　走って向かうと、案内所の前でおばちゃんが仁王立ちになり、私の帰りを今か今かと待っているところだった。

「もう～。営業は5時半までって念を押したのに、来ないからどうしようかと思ったわ～」

「遅くなってごめんなさい！　シュターレック城までの行き方を教えてもらえますか」

「その荷物じゃ、歩くと大変よ。今、タクシーを呼んであげるから」

ぶっきらぼうながらあったかいおばちゃんは、電話でタクシーを呼ぶと、観光案内所のカギを閉めて言った。「タクシーはここに迎えに来るからね。じゃ！」

「ダンケ〜！（ドイツ語の「ありがとう」）」

仕事を終えた途端、とっとと帰っていくおばちゃんの後ろ姿を見送りながら、ドイツ人は時間に正確で真面目だなぁと思う。日本人も真面目だけど、ドイツ人とは真面目のジャンルが違う、といえばいいだろうか。サービス業で、日本人の真面目さは「お客様は神様」的なおもてなしをすること。一方、ドイツ人の真面目さは、あくまで「ルールを守ること」なのだ。

「ハッロ〜！　お待たせ〜」

タクシーから降りてきたマッチョなおばちゃんが、私の重いバッグを軽々と持ち上げ、トランクに入れてくれる。「うわ、力持ちだねぇ」と言うと、おばちゃんは力こぶを見せ、片言の英語で言う。

「筋肉もこの通りよ！　町のタクシーは私ひとりなんだ。夏の2ヵ月間は、年に一度の、ヨーロッパの稼ぎ時だからね」

「みんなバカンス中なのに、おばちゃんは夏のバカンスがないんだ」

「その代わり、夏以外はずっとバカンスみたいなもんよ〜。ハッハッハ！」

おばちゃんの太陽みたいな明るさに、今まで持っていたドイツ人の堅物《かたぶつ》なイメージが吹き飛び、こちらまで楽しい気分になる。

「着いたよ〜。帰りも乗るなら、フロントに頼んで。すぐ迎えに来るからね！」

可愛らしいバッハラッハの街並み

タクシーのおばちゃんの弾ける笑顔

気分爽快！ クルーズ船でクリスと童心にかえる

陽気なおばちゃんと手を振り合うと、目の前には、黒いとんがり屋根の塔を中心とした、威厳を感じる古城がそびえ建っている。

チェックインを済ませて部屋に向かうと、城内はまるで迷路のように入り組んでいる。渡り廊下やクネクネの階段等、歩いているだけで探検気分。否応なしにテンションが上がり、気分はまさにハリー・ポッター！　たどり着いたシングル部屋はリフォームが行き届いたモダンな雰囲気で、アンティーク感はないものの居心地のよさそうな空間だ。

夜、城内の食堂へ向かうと、人気の宿だけあって、子連れファミリーや学生グループで大にぎわい。メニューは、デミグラスソースでやわらかく煮込まれた骨付き鶏肉に、とろけるような舌触りのマッシュポテト、盛り沢山なサラダバー。どれも美味しく、ボリューム満点で、この宿は1泊2食付きで28ユーロ。正直、ドイツでの食事に期待していなかったので、今宵のディナーに大満足だったものの、一抹の寂しさが募る。この宿にはひとり旅らしき旅行者が見当たらず、人との出会いがなさそうだったからだ。

食後、テラスに出ると、雄大なライン川と緑の大自然が目に飛び込んでくる。ライン川がパノラマのように広がるテラス席では、7、8人のグループが、縦長でくびれのある特大グラスでビールを呑んでいた。

うっわ〜、山頂の古城から望む絶景で、最高のビアガーデンではないか。せっかくドイツでビールを呑むなら、憧れの、あの特大グラスで呑んでみたい！　でもって、彼らと一緒にお酒が呑めたらなぁと思い、勇気を振り絞って声をかけてみる。

「ハ、ハーイ！　あのぅ～、このビールはどこで買えるんです？」と聞くと、おねえちゃんがハキハキ答えてくれる。

「あら、このヴァイツェングラスのこと？　食堂でビールを買えば、入れてくれるわよ～」

食堂でビールをオーダーし、なみなみに注がれたビールをちびちび呑みつつテラスに戻ると、さっきの彼女がニコニコ顔で手を振ってくれる。

「やっぱりこのグラスで呑むと、ビールがさらにウマく感じるわ～」と私が言うと、

「ね！　私たちドイツ人は、家でビールを呑むときも、ビール専用グラスに注ぎ替えて呑むのよ」とドイツ人らしいこだわりを話してくれる。

「へぇ～、さすがドイツ人！　みなさんは何のグループで？」

「私たちは柔道同好会のメンバーで、毎夏1週間、国内旅行に出るの。とはいっても、旅行中は柔道の練習をするワケじゃないから、今はさしずめ〝ビール同好会〟ね」

紅一点のクリスティーンは34歳。10代から50代という幅広い年齢層で、一番若い金髪の兄ちゃん、17歳のエンリコも、ビールをぐいぐい呑んでいる。「17歳でお酒呑んでいいんだ！」とその呑みっぷりに目を見張ると、エンリコはケロリとした顔で言う。

「ドイツじゃビールもワインも16歳からOKなんだ。保護者同伴なら14歳から呑めるよ」

日本でいうと、中2で酒がOK!? 白人や黒人には遺伝子的に下戸が殆どいないというけれど、国によって法律がこうも違うとは驚きだ。

「ドイツ旅の目的は古城だったの?」とクリスティーンが聞いてくる。

「その夢が叶ったよ〜。欧州21ヵ国を旅してるんだけど、1ヵ国1テーマで旅してて」

「21ヵ国もー!?」と驚かれつつ各国でのミッションを話すと、みながわいわい盛り上がる。

「フランスじゃヌーディスト・ビーチ初体験か! じゃ、今から裸に慣れておかなきゃな」

「エンリコ、お前、家の庭で呑むときはいつも脱ぐじゃん。てるこに見せてあげなよ」

「いつも脱ぐって、それって露出狂ってこと!?」

「僕らは短い夏を思いっきり謳歌《おうか》したいんだよ。公園にも裸OKのエリアがあるぐらいさ」

「冬でも、毎年〝裸のソリ大会〟が開催されてるし、全裸で寒中水泳する人たちもいるよ」

「ドイツ人は裸を意識しないから、男女混浴サウナも多いんだ。解放的でオススメだよ〜」

気がつくと、エンリコがTシャツを脱いで上半身裸になり、細マッチョなボディをむき出しにしているではないか。酒を呑んで裸になるって、どんな隠し芸だよ! つーか、脱いじゃうんだから、隠し芸ならぬ、隠さない芸なのか!?

いきなり裸になった若人に動揺しつつ「ギャ〜ッ!!」と両手で顔を覆いながらも、指の間からチラ見し、「超見たぃ！　でも、ハズカシぃ！　けど、やっぱ見る!!」などと身悶えると、みんながケラケラ笑う。

「ドイツ人はこんなふうにちゃんと休んでるのに、国の経済も安定してて凄いねぇ」と感心すると、ドイツの由緒ある自動車メーカー、アウディに勤めているという兄ちゃんが言う。

「年8週間の休暇は、法で定められた国民の権利だけど、義務でもあるからね」

「8週間休むのが、国民の義務!!」

「義務を果たすべく、僕らは休暇前に、ちゃんと計画を立ててるんだよ」

「ドイツ人は何もしないでボーッとするのが苦手なの。だから、綿密に立てたスケジュール通り、きっちりバカンスを過ごすのよ」とクリスティーンが笑いながら言う。

「ドイツ人、まじめだねぇ！」

まったく、日本とドイツじゃ「真面目」の意味が、根本的に違いすぎるよ！　世界のどこを旅してもヨーロッパ人、特にドイツ人の旅行者に会うのは、彼らにとって「休むのが義務」だからなのだ。

日が暮れると、眼下に見える町がオレンジ色に灯り始める。月明かりの下、ライン川の美しい夜景を眺めつつ、陽気なドイツ人との即席ビールパーティ。わいわい呑んでいて、ハッとする。ドイツ人は英語が得意ではないのに、私のためだけに英語で話してくれているのだ。

裸になるのが大好きなドイツ人、若いエンリコも裸に！

このグラスで呑むと、うまさ倍増！

童話に登場しそうなシュターレック城

柔道同好会の面々と和気あいあいのビール宴会

優しい気遣いに胸を打たれつつ、みんなが笑顔でリラックスしている夏のバカンスシーズンに来てよかったなぁと思う。ドイツ人は一見、愛想がなくとっつきにくく思えるものの、こちらから心を開いて近づくと、面倒見がよく、人情あふれる人たちだということを身をもって実感したからだ。

「お代わりに行くけど、オーダーする人は？」「俺も！」「僕も！」「じゃあ私も！」

誰かがお代わりに行くけど、オーダーする人は？

誰かがお代わりに行く度に、ついでに注文してきてもらえるのだが、どれだけお代わりするんだ!?　とツッコミたくなるほど、みんなひたすらビールだけを呑み続けている。日本のような「とりあえずビールいっとく？」から始まり、「次、何呑む？」「酎ハイ！」「サワー！」などと浮気していくのではなく、最初から最後まで、とことんビールなのだ。

酒のつまみも一切食べず、ただただビールだけを流し込む、飾り気のないドイツ人らしい質実剛健な呑み会。ドイツ人のただならぬビール愛を感じつつ、ビール尽くしな夜が更けていく。

早朝、たっぷり呑んでたっぷり寝たおかげで、自然と目が覚めた。昨夜呑んだテラスに出ると、連なる緑の山々の向こうから朝日が昇るところだった。

あぁ、なんて気持ちがいい朝だろう！　神々しい太陽が、雄大なライン川を黄金色に染めていく。朝の光にきらめく大河を眺めていると、心が解放され、体中にエナジーがみなぎっていくような気がする。こんなにきれいな日の出が拝めて、陽気なドイツ人とビール合宿まででできて、山頂の古城まで来た甲斐があったなぁと思う。

朝食後、シュターレック城を後にし、列車で約2時間のフランクフルトへ向かう。昨日オススメされた混浴サウナに行ってみようと思ったのだ。

フランクフルト中央駅から徒歩2分の宿にチェックインし、女性専用の6人用ドミトリーに入ると、イギリスから来たという女子大生4人組がくつろいでいた。

「ハーイ」と挨拶を交わした後、「私、たぶん帰りが遅くなるから、夜、起こしちゃったらごめんね」と先に断っておくと、明るい女子大生たちが口々に言う。

「全く問題ないわよ～」「私たちこそ、すっぽんぽんで寝てるけど、ビックリしないでね」

「え、寝るとき、真っ裸になるの!?」

「イギリスは裸で寝る人、多いよ～」「ゴムの締め付けがないと、血行もよくなるしね」

「へ～、イギリスのおカタいイメージが変わる話だなぁ！」

記念写真をお願いすると快諾してくれたので、カメラのタイマーをセットし、4人の前に、野球選手のようにダーッとスライディングで滑り込むと、みんなが腹を抱えて笑う。

「アハハ！　私たちも、おとなしくて真面目な日本人のイメージが変わったわ～」

ボリューム満点のおいしい夕食

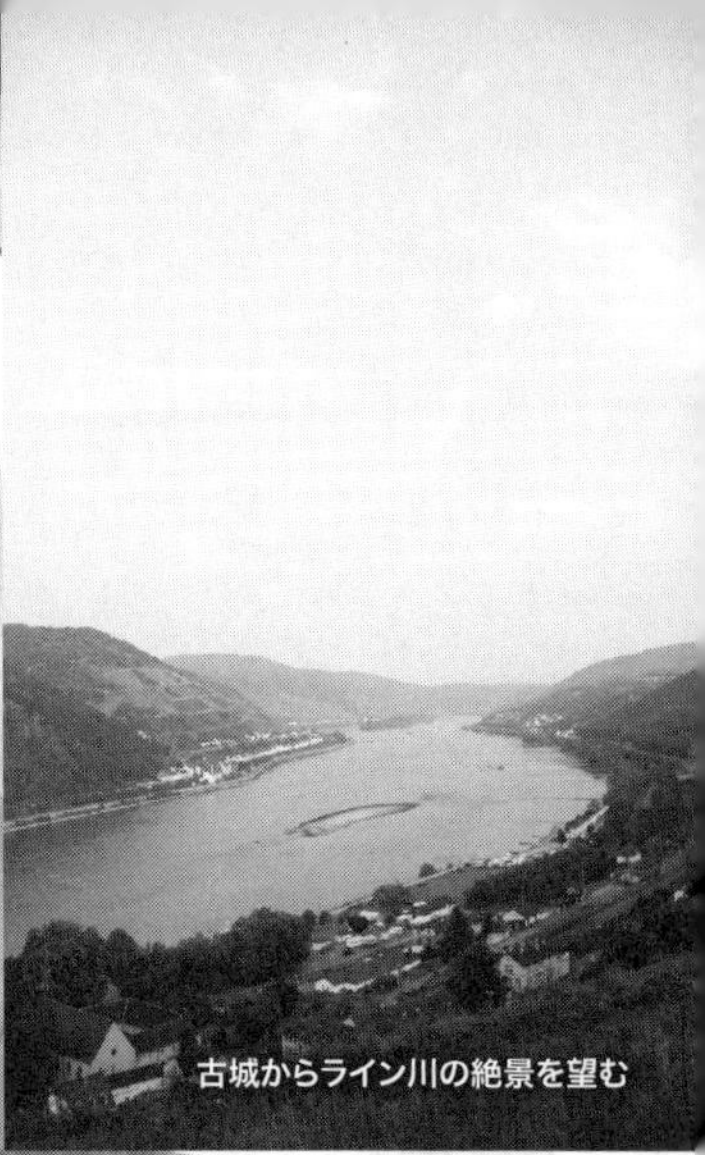
古城からライン川の絶景を望む

フランクフルトの安宿で一緒になった英国女子たちと記念写真

気のいい女子大生たちと手を振り合い、いざサウナへ向かう。

フランクフルト中央駅からトラムに乗って終点で降りると、巨大なスパ施設が建っていた。入口で聞くとこの施設のサウナは混浴ではなかったものの、スパエリアに足を踏み入れると、目の前には夢にまで見たお湯のジャグジーが！　誰もいない貸し切り状態の中、温かい風呂と水風呂とを交互に入る〝温冷浴〟をすると、さっきまでの疲れがブッ飛び、信じられないぐらい体が生き返る。

お次はサウナへ。ここも貸し切り状態だったが、しばらくすると二人組がやってきた。

「ハーイ、あなたはどこから？」「日本からだよ」

「私たちはコロンビア人なの〜」

彼女たちはベンチにバスタオルを広げると、一糸まとわぬ姿で横になり、サウナ常連らしいくつろぎっぷりだ。ふたりは雰囲気が似ていると思ったら、二卵性の双子なのだという。姉がマリア、妹がルース、45歳。ラテンノリの仲良し姉妹だ。

サウナを出て水風呂に入ると、彼女たちは頭のてっぺんまで水に浸かり始めた。私も潜ってみると、火照った脳天が冷やされて気持ちいい〜。そのうち誰が一番長く息を止めていられるか競争が始まり、鼻をつまんで潜ってはプハーを繰り返し、イイ大人が大ハシャギ。

サウナを後にし、意気投合した陽気な姉妹と近くのバーへ向かう。夜祭りムードのテラス席で乾杯すると、たっぷり汗をかいたおかげで、ビールのシュワシュワがウマい！

「ドイツでは、何の仕事をしてるの？」と聞くと、妹のルースが言う。

「学校の清掃員をしてるの。姉のマリアは夏の間だけ、清掃の出稼ぎに来てるのよ」

欧米では学校の掃除をプロの業者に任せるため、言葉のできない移民にとって、清掃業は最も手っ取り早い仕事なのだという。

「日本の学校は、生徒が自分たちで掃除をするんだよ」と言うと、「それホント!? なぜ掃除のプロに任せないの？」とふたりが目を丸くする。

「日本やアジアの仏教国では、掃除を修行、学びのひとつだと考えるからじゃないかなぁ」

「じゃあ私たち、日本には出稼ぎに行けないわねぇ」とマリアが言うと、

「でも、日本の男は学校では掃除しても、家ではしなかったわぁ」とルースが肩をすくめる。

「なんでそんなこと知ってんの？」

「別れた2番目の夫が日本人だったからよ～。これは日本人の夫との間にできた息子よ」

スマホの写真を見ると、目鼻立ちクッキリの南米顔とアッサリした和顔の、いい所を取った感じの若いイケメンが写っていた。ルースは20年前、スペイン旅行中に日本人男性と恋に落ち、結婚して子どもまでもうけたというのだ。

「ルース、日本の男と結婚してどうだった？」

「彼は繊細で優しかったけどエッチは合わなかったわぁ。何年かすると、もうマンネリよ」

聞いてもないのに、あっけらかんと夜の営みについて話すルース。「初めに結婚した男は、ナニ人だったの？」とさらに突っ込んでみると、「コロンビア人よ。これは、17歳のときに産んだ娘なの」と言いつつ、今度は娘さんの写真を見せてくれる。

「うわ、娘さんも美人だねぇ。じゃあさ、コロンビア人のエッチはどうなのよ？」

「コロンビアの男は最高よ！　♪ニャガニャガ～」とルースが腰を振る。

「ニャガニャガって何だよ～」「♪カタカタ～」「♪ニャガニャガ～」

エッチのときの擬音語なのか、ふたりは腰をふりふりノリノリ。ったく、明るいなぁ！

「日本人の元ダンナは、仕送りとか養育費は送ってくれたの？」と聞くと、ルースは首を振る。

「ま、子どもが小さい頃は大変だったけど、ふたりともいい子に育ったからOKよ」

ルースは女手ひとつで子どもたちを育て上げ、息子さんはすでに家を出て独立し、娘さんも結婚して一児の母なのだという。

「ルース、立派に子どもを育ててエラいねぇ。日本の男、お金を送らなくてごめんね」

「や～だ、なんでてるこが謝るのよ～」

「いや、だって、同じ日本人だし。エッチも下手だったっていうし……」

「アハハッ、エッチはよけいでしょ！　可愛い子どもを授けてくれたんだから、ふたりの夫にはそれだけでも感謝してるわ。彼らがいなければ、子どもたちに会えなかったんだもの」

シングルマザーのルースは苦労もしただろうに、別れた男たちの悪口を一切言わないのが素晴らしかった。母親から父親の悪口を聞かされて育った人は、自分自身を否定しがちになることが少なくない。お母さんに悪気はないだろうけれど、「私は男を見る目がなかった」という軽口でも、子どもに対して「あなたの半分は〝ダメ男〟でできている」と伝えているに等しく、私は言葉の虐待だと思うことがあるのだ。その点、ルースは日本人の私を避けるどころか、親しみを持ってくれているのが嬉しかった。

日本人との間に子どもをもうけたコロンビア人のねえちゃんらと、ドイツで呑んだくれる不思議な夜。波瀾万丈な人生を乗り越え、今は幸せに生きるルースと話していると、はち切れんばかりの笑顔がまぶしかった。

ルースはバツ2でも、可愛い子どもをふたりもうけたことは決してバツではないのだから、人生にムダはひとつもないなぁと思う。自分の人生を振り返っても、18年勤めた会社を辞めたことを1ミリも後悔していないし、かといって、長く勤めたことも後悔していない。会社員時代がなければ「今の自分」は絶対いないから、今となっては、過去はすべて「経験できてよかったこと」だと思える。私もルースと同じく、あるのはただ、感謝の気持ちだけだ。

「自分の過去に感謝できるって、素晴らしいねぇ」と言うと、ルースは言う。

明るくたくましいルース（中央）＆マリアの姉妹と乾杯

早朝、駅で会った酔っぱらいペア

安宿で働く短髪のタトゥー美人

「だって、自分を否定したって、いいことないじゃない？　私が自分を否定してたら、子どもにも伝染しちゃうもん。私が自分の人生すべて『ＹＥＳ！』と思うのは、自分自身のためだけでなく、愛する子どもたちのためでもあるのよ〜」

分かるなぁ！　私もつい自己否定して、自分をイジメるクセがあったものの、あるとき、自分をダメだと思うことは、自分のことだけでなく、自分と関わっている人のことまで一緒におとしめてしまう行為なんじゃないか？　と思い当たった。

私が「ダメ人間」だとしたら、そんな私と、人生の貴重な時間を割いて仲良くしてくれている友だちも、自動的に「ダメ人間の友だち」になってしまう。自分の友だちは素晴らしいけれど、自分だけが「ダメ人間」なんてあり得ない。「私なんて……」という思いグセは、一見、内省的で謙虚に見えて、じつはとても傲慢で失礼な考え方だと気づいたのだ。

「これでいいのだ」

ときおり呪文のようにつぶやく、バカボンのパパの、史上最高の名言。

私はもう、自分をイジメない。何があっても、どんなときも。「私なんて……」と卑下して、自分をイジメるのはもうやめたのだ。苦しむ必要なんてない。そして、今後どんな道を歩んだとしても、自分が選んだ道を「よかったこと」にしていくのが人生だと、私もようやく思えるようになってきたのだ。

祈って
愛とセックスのあいだ

カトリックの聖地、ルルドを巡礼する、キュートなおしどり夫婦

フランス★パリ

純情ゲイカップルの宿で、史上最強のセックス談義

（ついに、この日が来たか〜！）

フランクフルトから列車で3時間。素通りしようか悩んだものの、因縁のパリに立ち寄ることにした私は、まずは宿を決めるべく駅構内の「観光案内所《ツーリスト・インフオメーション》」に向かった。

案内所に着くと、安宿を探しているとおぼしき、バックパッカーの長蛇の列。最後尾に並びつつスマホでも宿検索してみるが、どこも満室でガッカリしてしまう。ようやく私の番になり「ボンジュール、パリの安宿に泊まりたいんですが……」と切り出すと、トゲトゲしい雰囲気のフランス人とおぼしきマダムが、眉間にシワを寄せ超ぶっきらぼうに言う。

「パリの宿は、全部満室！　空いてるのは、パリ郊外の1泊200ユーロのホテルだけ！」

「パリ郊外で200ユーロ!?」と驚くと、朝からこのセリフを何十回と繰り返してきたのか、般若《はんにゃ》ヅラのオバハンはイライラ感を醸し出し、これ以上ない高慢ちきな態度で言う。

「バカンスシーズンのパリはいつもそう！　このホテルに泊まんの？　どうするの！」

爪に派手なネイルを施し、高そうな金の指輪をはめたオバハンは、「ここはパリなんだか

ら、当然でしょ！」という物言い。アムステルダムもフランクフルトも感じのいい観光案内所が安宿を紹介してくれたのに、お高くとまったエレガントババアの態度ときたら！「結構です」と言って、とっとと退散する。

うぐ〜、人を人とも思わん、ギロチン都市めが〜！　無愛想で横柄なフランス人と対峙したせいで、パリに着くなり心をへし折られたような気分になる。苦手意識を克服しようと思って訪れたパリで宿ナシの憂き目にあうなんて、これではトラウマの上塗りだ！

深呼吸を繰り返して心を落ち着かせ、スマホ検索してみると、「世界一の観光大国」フランスを訪れる観光客数は、1年間でなんと8千万人以上。フランスの人口をはるかに上回る観光客が、この国に押し寄せているのだ。

藁をもつかむ思いで検索していると、『ミーティング・ザ・フレンチ』なるB&B《ベッドアンドブレックファスト》（宿泊と朝食を提供する欧州版の民宿）の紹介センターを見つけた。直訳すると「フランス人との話し合い」。フランス人とおしゃべりしたい私に、まさにピッタリではないか！

すぐに電話してみると、応対に出た女性が「残念ながら、パリ市内はどこもいっぱいなのよ」とすまなそうに言う。「そこをなんとか！」と頼み込むと、5分ほど待たされた後、「ひとつだけ、モンマルトル地区で見つかったわ」と言ってくれたので、心底ホッとする。

「メルシー！（ありがとう）」と感謝すると、女性が少し言い難そうに言う。

道を教えてくれた仲良しカップル

聖堂前で愛を語らう恋人たち

流しのバイオリン弾きのおっちゃんと一緒にエア演奏

「ひとつ断っておきたいのだけど、そのB&Bオーナーは、ゲイカップルなの。あなたは……ゲイはオーケー？」「へ？　ワ、ワ〜ット!?」

生まれて初めての質問に、一瞬、頭がウニになり、つい大声で聞き返してしまう。だがなにも、ゲイとの肉体関係がOKかと聞かれたワケではないのだ（というか、ゲイの人にとって、女の私は恋愛対象ではない）。

私にはゲイの友だちもいるし、LGBTQ＋《エルジービーティーキュープラス》〈L＝レズビアン（女性の同性愛者）、G＝ゲイ（男性の同性愛者）、B＝バイセクシュアル（同性も異性も好きになる両性愛者）、T＝トランスジェンダー（生まれたときに割り当てられた性と、自分の認識している性が違う人）、Q＝クエスチョニング・クィア（自分の性のあり方が分からない人や定めていない人）、＋＝プラス（最後の＋には、他にも多様な性のあり方があるので、枠を限定せず、新しい多様性にオープンでいようという前向きな意味が込められている）〉への偏見がない〝LGBTQフレンドリー〟であることを伝えねば！

ここで断られたら後がないと思い、「ノープロブレム！　ベリベリOK！　アイハブ　ゲイフレンド！　アイライク、ゲイ!!」と、ことさらゲイ好きアピールまでしてしまう。

「では、B&Bの電話番号を教えるので、後で電話してね」

まさか、ゲイカップルのB&Bに泊まることになるとは！　想像もしていなかった展開に胸がワクワクし、が然、パリ旅が楽しくなってきた。B&Bをやるぐらい気のいいゲイカップルとおしゃべりすれば、トラウマの荒療治ができそうな気もしてくるではないか。

早速オーナーに電話して待ち合わせ場所を決めた後、地下鉄でモンマルトル地区へ向かう。小高い丘にそびえ立つ白亜の聖堂「サクレ・クール」を目指すと、頂上から見る〝華の都〟パリは美しく、歴史を感じるロマンチックな街並みはさすがの貫禄だった。

よーし、この勢いでパリ苦手意識を払拭するぞ〜！　と決意し、待ち合わせ場所へ向かう。

「ハーイ、電話をくれたてるこね？　私はマエレよ」

片言の英語で声をかけてきた人を見て、一瞬、思考がフリーズしてしまう。オーナーがゲイだと聞いて、私は「男性」だとばかり思っていたのだが、肩にかかる長さのふわふわパーマヘアでミニ丈ワンピース姿のマエレは、完全に「女性」の身なりだったのだ。

「ボッ、ボンジュール、てるこです」

てっきり、徳光和夫的な「ザ・おじさん」が来ると思いきや、ミッツ・マングローブが現れたような驚き、と言えばいいだろうか。推定50代のパリジャンのミニスカ姿に、リアクションした方がいいのか、しらばっくれた方がいいのかが分からない。彼？　彼女？　女装家？　皆目、見当がつかないのだ。

「ウチは駅から近いから、便利なのよ。行きましょ」と優しい笑みを浮かべたマエレが言う。

花柄のミニワンピ＆黒ヒールで、颯爽とパリを歩くマエレ

ヒラヒラのミニスカートをなびかせつつ、黒いハイヒールで町を闊歩《かっぽ》するマエレの後をついていく。道を行き交う人が、ときどき「ん!?」という表情になってマエレを二度見する。足のラインがきれいなマエレの女装は、名作映画『トッツィー』のダスティン・ホフマンの女装レベルまでは達していないものの、ちょっと男顔のオバサンに見えなくもないという、ビミョ〜なラインなのだ。

古い石壁のアパルトマン（マンション）の5階にある自宅にお邪魔すると、モダンなインテリアに彩られたアットホームな空間で、想像以上に居心地がよさそうだ。センスよく飾られた絵や写真、観葉植物に、本が山積みの大きな本棚。なんだかオシャレな友だちの家に遊びに来たような気分になる。

「ここがゲストルームよ。好きに使ってね」「うわ〜、ステキな部屋だねぇ！」

洒落たファブリックに統一された部屋は、一流ホテルと見紛うほど洗練された雰囲気で、バルコニーからパリの通りを眺めることもできるB&Bに、私は大満足。

マエレが淹れてくれたコーヒーを飲みつつ、こぢんまりしたリビングで話す。マエレの仕事はフリーライターで、このB&Bは1年前からバイト感覚で始めたのだという。

「紹介センターでゲイカップルだと聞いたんだけど、彼とは一緒に住んでないの？」

「前はパートナーのヘンリーの家で同棲してたんだけど、ベッタリしない方が新鮮でいられるのよ～。今はお互いの家を行き来し合ってて、週に3、4日会ってるわ。彼の料理はとっても美味しいし、私も料理は好きだから、ディナーを招待し合ってる感じね」

「ワォ、理想的な関係だね！　そのぅ～、マエレは〝女性〟として生きてるんだよね？」

この女装を見て見ぬフリを続けると、心がザワついたままなので踏み込んでみる。

「むつかしい質問ね。今は7割が女性で、3割が男性かな。女性になる手術はしてないけど、ホルモン療法を始めたから、これからもっと女性の割合が増えていくと思うわ。じつは、ホルモン療法も、スカートをはくようになったのも、数ヵ月前からなのよ」

「めっちゃ最近じゃん！」と驚くと、マエレが乙女っぽくはにかんで言う。

「うふふ、おっぱいが大きくなるといいけど♡」「つまりその……マエレは、自分のことをゲイ（同性愛者）だと思っていたけど、本当は、性同一性障害だったってことなの？」

スマホの辞書で調べた単語を指さすと、マエレは顔をしかめて言う。

「私、この言葉は嫌いよ。病気なんじゃなくて、自分の個性だと思ってるもの。これだと病人のイメージが強いから、最近は『性別違和』『性別不合』と表現するのよ。私は、少しずつ自分らしく生きられるようになって、ようやく〝本当の私〟に行き着いたの。昔は私、会社勤めの〝お父さん〟だったしね」

なんと、マエレは恋愛結婚した奥さんとの間に2人の子どもをもうけ、サラリーマンのお父さんとして生きていたというのだ。そんなマエレは39歳のとき、ゲイの出会い系サイトで運命の相手、ヘンリーと出会い、3年前、49歳のときに奥さんと離婚したのだと話してくれる。

「ここまでくるには時間がかかったし、勇気がいったわ〜。私はね、人生で3回もカミングアウトしたの。1度目は〝自分自身へのカミングアウト〟ね。男性とセックスしてみたい欲望が芽生えて、自分をどうにも抑えきれなくなったのよ」

な、なんて単刀直入な！　でもまぁ、異性愛も同性愛もやってることは所詮《しょせん》同じだよな。

マエレはなんでも率直に答えてくれるので、どんどん聞きたくなってしまう。

「で、男性とセックスしてみて……どうだった？　今までとは違った？」

「うふふっ。言葉じゃ言い表せないぐらい、それはそれは素晴らしい経験だったわ〜」

うっとり夢見心地な表情になったマエレを見て、性愛へのハンパない熱量に感じ入ってしまう。

「で、2回目は、〝家族へのカミングアウト〟ね。奥さんと子どもたちに事実を話して」

「家族はビックリしたろうねぇ」

「初めはものすごく驚かれたけど、何度も話し合って、最終的には受け入れてくれたわ。離婚した奥さんとは、いい友だちよ。子どもたちとも定期的に会ってるし」

聞けば聞くほど、波瀾万丈な人生だなぁ……。マエレの奥さんにしてみても、愛し合って結婚した男が同性愛に目覚めるなんて、想像もしていなかったに違いない。それでも、性的指向は本人がコントロールできる類のモノではないから、目覚めてしまった以上、奥さんも認めるしかなかったんだろう。マエレにとって、パートナーとなったヘンリーとの出会いは、単なる浮気で片付けられるような話ではなかったのだ。

「理解のある、いい家族だねぇ！　マエレは子どもたちと会うとき、どういう感じなの？」

「子どもたちは母親がふたりになったと思ってるかも。でも、私が女っぽくなった分、奥さんが〝お父さん〟っぽくなったから、彼女が男親の役割を補ってくれてる気がするわ〜」

マエレがパソコンを開き、最近の家族写真を見せてくれる。誕生日のお祝いなのか、三角のパーティハットを被った娘さん＆息子さん＆元奥さん＆女装をしたマエレが笑顔ではしゃぐ姿が写っていて、なんだか胸が熱くなってしまう。離れた場所で暮らしていようと、お父さんの性別がどう変化しようと、家族は一生、家族なんだなぁと思って。

「子どもたちもみんな、マエレが大好きなんだねぇ」

「すっかり大きくなったけど、私のかわいい子どもたちよ〜。元奥さんにも恋人ができてラブラブだから、私もホッとしてるところなの」

マエレの横に座って、お互い、スマホとパソコンの辞書で言葉を調べつつ話していると、なんともいえない安らぎを感じて心地がいい。寛容なマエレには、マイノリティがいろんなハードルを乗り越えて培った強さと、おおらかで優しい母性を感じるのだ。

「で、3回目が〝ゲイパートナーへのカミングアウト〟ね。私は自分にもヘンリーにも嘘をつきたくなかったから、『女性になりたい』という気持ちを正直に話したの。彼は100％の同性愛者で、〝男の私〟が好きだったから、なかなか理解してもらえなかったわ。でも、最近ようやく、今の私を受け入れてくれるようになってきたところなの」

ウ〜ム。つまり、無理矢理たとえるなら、徳光和夫のように男性として生きていた人が、クリス松村のようなゲイとして生きるようになり、最終的に、はるな愛のように女性として生きたくなってきたということか。

たとえば、私は女として生きているけれど、中学も高校も制服としてスカートを強制されるのが嫌でたまらなかったことを思うと、〝ジェンダーレス女子〟ともいえるだろう。

性のあり方は人によってさまざまで、時間を経て変化していくこともある。それこそが「性はグラデーション」と言われる所以なんだろう。そしてこれからは、従来の女性観・男性観というジェンダー（社会的な性別）にとらわれることなく、誰もが自分らしく生きることができる時代なのだ。

でも待てよ？　パートナーのヘンリーは元々、100％の同性愛者なのだ。これから、マエレの中で女性の割合が増えていくということは、ヘンリーは異性愛者にならないと〝女のマエレ〃を抱けないんじゃ……。ヘンリーのアイデンティティは大丈夫なのか!?

「マエレが、女性として生き始めて、ヘンリーとの関係はギクシャクしなかったの!?」

「私は女性として生きると決めたんだから、どうするかは彼の問題よ。でも、彼は私を失いたくないと言ったわ。だから、彼が〝女の私〞を受け入れるしかないわよね」

マエレ、きっぱりしてるなぁ！　でも、「自分に嘘をつきたくなかった」という気持ちは痛いほど分かる。偽りの自分を生きるのは、辛い。私も勤め人時代、「会社員」を演じているような気がして、「本当の自分」を生きている実感がなく、人知れず悩んでいたからだ。

「日本の芸能界にもＬＧＢＴＱの人が大勢いるんだけど、世間にはまだ偏見があるから、家族にカミングアウトできない人が多いんだよね。告白すると、親は『そんなふうに育てた覚えはない！』って怒ったり、『育て方を間違えた』って嘆き哀しんだりするから」

「まぁ、なんてこと！　ただでさえ世間の風当たりが強いのに、自分の家族に拒絶されたら生きていけないわ。私は親の立場だけど、子どもに事実を告白して理解してもらったのよ」

ヨーロッパの国々で始まった同性婚の影響を受け、世界のジェンダーの意識もかなり進化しつつある。ＬＧＢＴＱが、単なる「個性」として認知される時代が、いつか必ず来るだろう。いまやボーイッシュな肉食女子もいれば、ガーリッシュな草食男子もいて、もはや男女差よりも個人差の方がずっと大きい時代になっているのだ。

マエレは口にリップを塗ると、家のカギと個室のカギを私に渡した。

「もっと話したいんだけど、そろそろ家を出なきゃ。今夜は前々からの予定が入ってるのよ」

「そっか〜。マエレと一緒にディナーを食べられないんだね」

パリは1泊の予定だったので、私はちょっとしょんぼりしてしまった。

「だって、てるこが来るなんて知らなかったんだもの。明日、朝食を一緒に食べましょうね」

私も外出し、マエレにオススメされたレストランで夕食を済ませて帰ってくると、睡魔が襲ってくる。ベッドに飛び込むと、枕もふとんもふわっふわで気持ちいい〜。昼間、宿がなかなか見つからず、心細くてたまらなかったことを思うと、本当に天と地の差だ。

人の家は、ホテルにはない、人間の温もりが感じられていいな。人が暮らしている空間は、やっぱり落ち着くな。フカフカのふとんにくるまっていると、マエレの優しさに包まれているような気がして、馴染みのない街に泊まっているアウェー感がない。

パリに着いて以来、ぐっと身構えていた緊張から解放され、私はこの上ない安らぎを感じていた。ひとりで夕食を食べていたときも、食後、ホテルの部屋に帰るのではなく、マエレの家に帰れるのが、何よりもうれしかった。パリは決して得意ではないものの、マエレと出会えたからにはもう安心だ、マエレの家にいれば安全だ、という安堵感があったのだ。

あぁ、勇気を出してパリに立ち寄ってよかった。部屋にどことなく漂っている香りは、マエレの香水の匂いなんだろうか……。甘い香りに包まれつつ意識が遠ざかっていく。

朝、目を覚ますと、コーヒーのいい香りが漂ってくる。キッチンを覗くと、マエレは超ミニ丈のシルク製ガウンを真っ裸に羽織っただけという、目も眩《くら》むような衝撃的な格好だ。

「おはよう〜。マエレ、朝からセクシーな出で立ちだねぇ」

「うふふ。てるこったら、ぐっすり寝てたわねぇ。ウチに来たツーリストで、ドアを開けっ放しにしたまま爆睡してる人、初めて見たわ」

「マエレに会ってすっかり安心したから、グーグー寝ちゃったんだよ〜」

テーブルにはランチョンマットが敷かれ、クロワッサン、ヨーグルト、ジュース、チーズ、手作りのアプリコットジャムが、ホテルの朝食のように美しくセッティングされている。

「てるこが会いたがってたから、朝食にヘンリーを招待したのよ」

いかにも優しそうな長身の男性が顔を出し、「ハーイ、おはよう〜」と挨拶してくれる。

「噂をすればヘンリーだ！　お邪魔してま〜す」

メガネ姿が知的なヘンリーは、物腰の柔らかいジェントルマンという雰囲気の男性だった。

ヘンリーが何やら言うと、マエレは甘えた仕草でヘンリーにしなだれかかり、話しながらやたらとボディタッチ。朝っぱらから目のやり場に困る濃厚なスキンシップでお熱いこって！

骨の髄まで愛し合っているのが伝わってくる、マエレ&ヘンリー

小粋でセンスのいいゲストルーム

長年の夫婦のようなお似合いカップル

洒落たリビングで朝食をいただき、リラックス〜♪

「ヘンリー、マエレを全然受け入れてるじゃん！」とツッコむと、ヘンリーが言う。

「僕はマエレを失うのが怖かったから、自分を変えるしかなかったんだ。マエレは僕にとって、替えのきかない、かけがえのない人だからね。今はまだ、新しいマエレに戸惑うこともあるけど、日々努力し続けているところだよ」

パートナーの性別が「男」から「女」になっても変わらず愛し続けるなんて、凄まじい愛だなぁと思いつつ、ん？ とヘンリーの胸元に目がクギ付けになる。ヘンリーはスラッとした体型なのに、なぜか胸だけポチャッとしていて、小さめのAカップくらいあるではないか。

「うふふ、気づいちゃった？ ヘンリーって努力してる私よりもおっぱいが大きいのよ〜」

「ハッハッハ！ 参ったな〜」

まだ胸がペッタンコなマエレと、ありのままでも微乳のヘンリー。欲しいモノがアベコベになってるけど、お似合いのカップルだなぁ！

3人でテーブルにつき、にぎやかな朝食タイムになる。聞くと、ITエンジニアのヘンリーは在宅勤務なので出勤する必要がなく、今日もゆっくりできるのだという。

「ふたりは、ゲイの出会い系サイトで出会って、すぐに意気投合したの？」

私が聞くと、おセンチな表情になったマエレが言う。

「13年前、初めて出会い系サイトで会ったときは、こんなにも大事な人になるとは想像もしてなかったわ。ところが1年後、同じサイトで偶然、再会したの！　それ以来、2ヵ月に1回、1ヵ月に1回、週に1回と、会う間隔が狭《せば》まっていって、愛が深まっていったのよ〜」

マエレがいかにも運命的な巡り合わせっぽく話すので、「お気に入りの出会い系サイトに入り浸《びた》ってれば、そら再会もするがな！」とはツッコまず、「で？　で？」と話を促す。

「初めてセックスした日、『お互いを束縛せず、自由な間柄でいましょう』と話し合ったの」

マエレがそう言うと、ヘンリーも微笑みながら「そうだったねぇ」と相づちを打つ。

「え？　それって、ふたりとも浮気ＯＫってこと!?」

「そうよ。そもそも、人の心と体を束縛しようとすること自体、無理があるもの」

生まれて初めて、互いに浮気公認のラブラブカップルに会った私は、腰が砕けそうになってしまった。フツーは同性愛カップルも異性愛カップルと同じで、浮気したら大モメになるのだ。

「デートだけでなく、エッチもアリなの!?」と驚くと、マエレがホワイのポーズになる。

「じゃあ聞くけど、食事とセックスの違いってなあに？　ふたりきりで食事するのはアリで、セックスしたらアウトってこと？」

「そりゃ、自分以外の人とセクシャルなことをシェアされたら、生理的に嫌じゃない」

「でも、ディナーを食べながら〝食の快楽〟や〝トークの快楽〟を分かち合うのはよくて、どうして〝性の快楽〟を分かち合うのはよくないの？　何がどう違うの？　説明できる？」

ううむ、これは、人類永遠の命題だ。世間的には「一線を超えた」方が悪いとされているものの、もし自分のパートナーが、私の知らない女とサシで食事しながら（こういう深い話は、てることはできないんだよな）なんて思いつつ熱く語り合っていたとしたら、やっぱりいい気はしない。肉体関係はなくとも精神的に深〜い関係の女を作られるのと、一晩限りの浮気をされるのと、どちらが嫌かと聞かれたら……やっぱダメだ、どちらも嫌だ！

「無理！　私はどっちもヤダよ！　自分がされたくないことはしないっていうのが、最低限のマナーだと思うし」

私がそう言うと、マエレは何か言おうとするも、「ああもう、単語が出てこない。英語じゃ上手く説明できないわ」と言い、パソコンでフランス語の文章を書き始めた。

書き終えたマエレが翻訳ボタンを押すと、フランス語の文章が翻訳され、パソコン画面に日本語が表示された。すると、機械的な女性の声が、その日本語を読み始めたではないか。

「ワタシは、英語が、苦手デス。これから、このようにして、アナタと話しマス」

こんなことができちゃうなんて、『ドラえもん』のひみつ道具みたいじゃん！　どうやらこれは、フランス語で文章を入力すると、日本語に翻訳してくれた上、日本語で読み上げてくれる〝翻訳ソフト〟であるらしい。

マエレが文字を打ち込むと、機械的な女性の声が、淡々と日本語を読み上げる。

「アナタにとって、愛とは、〝独占欲のある性欲〟デスか？」

はぁ〜？「愛とは、独占欲のある性欲」って、そんな身もフタもないこと！でも待てよ。よくよく考えてみると、友だちに対しては独占欲がないし、友だちとはセックスもしない。てことは、「パートナーとの愛は、〝独占欲のある性欲〟を含む」というのは、あながち間違いではない気もしてくるではないか。

返事に困っているそばでマエレは黙々と文章を書き、翻訳ボタンを押すと、またしても中堅の女性アナウンサーのような声が畳み掛けてくる。

「アナタは、なぜ、パートナーの性欲を独占したいのデスか？」

「いやまぁ、私だって他の人とそういう関係にならないよう、気をつけてるんだからさ〜」

「アナタは、自分の性欲を抑制しているから、パートナーの性欲も抑制するのデスか？人間には、欲望がありマス。いろんなおいしいものを食べたい。いろんなオシャレをしたい。いろんなところを旅したい。このような欲望には肯定的なのに、ナゼ、パートナーの性欲には否定的なのデスか？なぜ、性欲だけは独占しようとするのデスか？」

ううむ。考えてみれば、恋人が趣味の世界を持っていても放し飼い状態なのに、こと性に関してだけは、どうして独占したくなるんだろう。恋人が自分と一緒にいないとき、食欲やファッション欲、睡眠欲、娯楽欲を満たすのにはオーケーなのに、性欲を満たすことだけはオーケーできず、支配欲まであるという不思議。

お互い、過去には付き合っていた恋人がそのときどきにいて、いろんな人と恋をしてきたというのに、お互いをパートナーと決めた途端、「パートナー以外とのセックスは、永久禁止」「どちらかが死ぬまで〝性の専属契約〟を結ぶのが当たり前」というのも、よくよく考えるとおかしな話なんだろうか……と思えてくる。

ぐうの音も出ない私に、女性の声がマエレの言葉を機械的に読み上げる。

「排他性は、互いの、欲求不満につながりマス」

「まぁ確かに、映画やドラマを見て俳優に胸きゅんすることがあるように、実生活で胸きゅんな人が現れることも、ないワケじゃないもんねぇ」

昔、恋人から口酸っぱく「絶対浮気しないでね！　お願いだから僕を捨てないで〜！」と言われていたのに、彼の浮気がバレたことがあったのを思い出す。私はそのとき、浮気を怒るよりも、真面目な自分がバカを見たような気持ちになって、（オイオイ！　私はどれだけイイ男と出会っても理性でガマンしてきたのに！）と地団駄を踏んでしまったのだ。

マエレの絶妙な言い回しに唸っていると、女性声がマエレの言葉を代読する。

「私たちは、パートナーであり、ファミリー、デス。しかし、浮気はただの欲望デス。浮気は、愛ではなく、セックスの比重が大きいものデス。浮気相手とは、ファミリーにはなりません」

グイグイくるねぇ！　確かに、浮気相手をファミリーに入れていったら、コミュニティになっちゃうもんね。

「外部でのセックスは、ふたりの関係が決まりきったルーティンワークではなく、いつまでも新鮮でいられる大事な要素デス」「うわわ、これまた大胆なことを！」

前に、創刊百年の老舗女性誌『婦人公論』のセックス特集で「スワッピング座談会」を載せていて、目がテンになったことを思い出す。だが中身を読むと、人妻たちが「初めは絶対ムリ！　と思ったんですが、おかげでマンネリな夫婦関係を改善できたんです」とか「体にも心にもいいし、副作用のないサプリメントですね」「最終的には夫が一番だと再確認できるんですよ」などと真摯に語っていて、夫婦仲をよくするための真面目な記事だったのだ。

「外でセックスした方がいい関係でいられるなんて！　てことはマエレは今も浮気を？」

私が聞くと、文章を打つ手を止めたマエレが、当然！　という感じで頷く。

「昔ほどじゃないけど、今もたまにはね。外でのセックスは、外食と同じよ。たとえばレストランで食事すると、この味付けいいなとか、今度この食材を使ってみようとか、刺激を受けるでしょ？　たまに外食しないと、家で作る料理がマンネリになるのと同じよ」

「へ〜っ、浮気はマンネリを打破するスパイス！　でもさ、さすがに浮気した話を、わざわざヘンリーにしないでしょ？」

「話したかったら、フツーに話すわよ。『こんな経験しちゃって』って感じで。面白い映画を見たら、その面白さを伝えたくなるのと同じよ」

「え、ヘンリーに浮気の内容まで話しちゃうの⁉　それってマナー違反じゃない！」

「あら、新しい発見があったら、私たちのセックスにも活かして、アップデートした方がいいじゃない。ねぇ？」

マエレがしなだれかかると、ヘンリーが笑いながら言う。

「ハハハ、確かに外でセックスすると、僕たちのセックスをもっとよくしようと思えるし、いい刺激になるよね。こないだも、僕は君のセックス話を聞いて燃えたからなぁ」

「や〜だもう、ヘンリーったら！　ヘンリーとのセックスが一番に決まってるでしょ〜」

な、なんなんだ、このふたりの、フツーではあり得ない会話でのイチャつきぶりは！　外でのセックスを家庭内セックスに活かす⁉　浮気で得たテクニックを、パートナーとシェアするだぁ⁉　し、し、信じられない！　と思ってしまうが、そう思ってしまうのは、私の頭がカタく、固定観念という呪いに縛られているせいなんだろうか……⁇

そもそも「浮気されるのが嫌」という気持ちには、「パートナーを浮気相手に取られるのが怖い」という〝恐怖心〟が含まれている。あと、大きいのは子どもの問題か。妻側からすれば、夫に外で子どもを作られたくないし、夫側にしても、妻に他の男の子どもを身ごもってほしくない。

避妊は死守するとして、それ以外に「浮気されるのが嫌」な理由はなんだろう？「自分よりも気が合い、容姿もいい、魅力的な相手が見つかって捨てられたらどうしよう！」という恐怖さえなければ、浮気なんて笑って受け入れられるモノなんだろうか。笑って受け入れるどころか、ふたりの場合、浮気で得たテクニックを還元し合い、性生活が高められるメリットまであるというのだ。

マエレとヘンリーのように、パートナーとの精神的な絆が、本当に、「替えのきかない」「かけがえのない」ものであるなら、ことさら〝肉体的な浮気〟に目くじらを立てることはないのかもしれないなと思えてくる。ふたりと話していると、自由で風通しのいいパートナーシップがなんとも羨ましかった。

それにしても、昨日から何百回「セックス」という単語を発しただろう。出会ったばかりの人と、性愛についてこんなにも熱く語り合ったのは初めてのこと。日本は、他のことならなんでも話せても、ことセックスに関してはどういうワケかタブーだから、パートナーとも友だちともそう深くは語り合わない人がまだまだ多いのだ。

ド太い絆で結ばれているふたりには、隠し事も駆け引きも一切ない。相手を束縛することなく放し飼いにし、自分ものびのび生きながら、お互い心から信頼し合っているのだ。しかも、一緒にいる時間の大切さを噛みしめるためにあえて同棲せず、ディナーに招待し合い、12年経ってもラブラブときてる。

天真爛漫《らんまん》で邪心のないふたりを、〝純情〟と言わずして、なんと言えばいいだろう。私は、史上最強の〝純情カップル〟を前に、「はは〜っ、参りました！」という気分だった。正直、初めはふたりの話を聞いて「絶対ムリ！」とドン引きしたけれど、いい関係だなぁと思わずにはいられなくなってきたのだ。フランス人のような旺盛な性欲は微塵《みじん》もないものの、私もこのぐらいオープンな関係でいられる人とパートナーになりたいなと思う。というか、このぐらいオープンでいられる相手でなければパートナーはいらないかもな、とさえ思ってしまう。まさか、因縁のパリで出会ったゲイカップルが、人生一番の憧れカップルになるとは！

「てるこ、今夜パリを発つんでしょ？　今日、パリ観光はしないの？」

「パリは何度か来たから、観光地巡りはもういいかなぁ。じつは私、パリが苦手で……」

このふたりには話しても大丈夫だと思い、私が例のギロチン前世話をすると、「大変だったのね。私も輪廻転生はあるような気がしてたわ」「僕も同感だねぇ」と言ってくれたので、胸がジーンとしてしまう。輪廻転生を信じないキリスト教がベースの国に生まれ育ったにもかかわらず、ふたりは私の前世話を疑わないどころか、共感してくれたのがうれしかった。

「てるこ、私と出かけましょ！　あなたに少しでもパリを好きになってもらいたいわ」

用事があるというヘンリーに手を振り、マエレの運転する車でパリ名所めぐりに向かう。マエレが好きだという壮大なクラシックを聴きながらめぐるパリは格別だった。歴代国王の宮殿だったルーヴル美術館に、エッフェル塔、凱旋門を通り抜け、こじゃれたカフェが並ぶシャンゼリゼ大通りを走ると、大きな広場が見えてくる。

マエレは運転しながら舌を「チッ」と鳴らし、顔をしかめて言う。

「あれは、コンコルド広場。おそらく、あなたが前世でギロチンで死んだ場所ね」

開放的な広場には記念碑がそびえ、立派な彫像から噴水の水柱が噴き上がっている。観客でにぎわう広場には、当然のことながら、かつて刑場だった面影はどこにもなかった。

考えてみれば、パリに限らず、人類の長い歴史の中で血が流れていない土地などない。どんな土地にもテルオのような無名の人々が無数にいて、よりよい世界を作ろうと懸命に生き、その思いを託したバトンを次世代へとつなげて年月を重ねてきたおかげで、今の世界があるのだ。

「マエレと一緒にいると、いろんなことから守られてる気がするから安心だよ。こんなふうに案内してくれるなんて、マエレは本当にパリを愛してるんだねぇ」

「ここで生まれ育ったし、世界でたったひとつの故郷だもの。この格好で歩くと、ときどきからかわれるけど、パリだからまだマシ。他の街だともっと酷い扱いを受けることもあるわ」

一日めいっぱいパリを観光した後、マエレが車を停めたのは、来たことのない通りだった。

「あれ？　マエレの家に帰るんじゃないの？」

「てるこ、今日でパリとお別れでしょ。ヘンリーの家で、これからお別れパーティよ」

「マジで!?　ありがとう!!　パリでマエレたちに出会えて、私は本当にラッキーだよ！」

歴史を感じるアパルトマンに足を踏み入れると、ニコニコ顔のヘンリーが出迎えてくれる。

ヘンリーの家はクラシカルな雰囲気にモダンテイストを取り入れ、パリらしい小粋なセンスに満ちていた。大きな古時計に、渋いアンティーク棚、使い込まれた赤い革ソファ、温もりを感じる暖炉。見るものすべてが素敵すぎて、うっとりしてしまう。

「さ、乾杯しよう。フランス語では『サンテ』って言うんだ。『健康でありますように』って意味なんだよ」とヘンリーが教えてくれる。「これからお酒を呑むのに、健康を祈るんだ」

「楽しいお酒は、体にもメンタルにも最高でしょ？」とマエレがウインクする。

ディナーの準備が整ったテーブルにつき、赤ワインで「サンテ〜！」と乾杯。ほっぺが落ちそうになる豆の煮込みに、生ハムメロン、焼きたてチキンソテー&ソーセージ。外はカリッ、中はふわっとしているフランスパンに、濃厚なバターを付けて食べると美味い！　マエレと私が観光している間にヘンリーがディナーの準備にとりかかり、このパーティをサプライズしてくれたのだと思うと、ふたりの優しさが身に沁みて胸を打たれてしまう。

シャレた飾り棚の素敵なヘンリーの家

ヘンリーの心のこもった手作り料理

ヘンリーの優雅な家で乾杯♪ 愛情たっぷりのおもてなしに感激！

今夜の夜行列車で、カトリックの聖地「ルルド」に向かうことを話すと、マエレが言う。

「知ってる？　〝ルルドの泉〟は、ミラクルが起きる場所として有名なのよ～。車椅子だった人がルルドの泉の水を飲んで、こんなふうに突然バッと立てるようになったりして」

マエレが座ったまま両足をバッと広げると、ミニスカートがめくり上がり、ぐいぐいに食い込んだＴバックが丸見えになったので大ウケしてしまう。

「んも～、マエレ、パンツ丸見えだよ！　しかも、超モッコリしてるし‼」

「あらやだ！　まだスカートをはき慣れてないのよ～」

「ハハハ、ルルドでも何かおかしな奇跡が起きるかもね」とヘンリーが笑い、マエレが言う。

「てるこ、もしかしたら私みたいにモッコリになれるかもよ～。アソコから息子がニョキニョキ生えてきたりして」「ちょ、私、そんなモノいらないし！」

私がブルンブルン首を振ると、物知りのヘンリーが言う。

「お、雌雄同体《しゆうどうたい》のカタツムリみたいでいいじゃないか。カタツムリはオスの生殖器もメスの生殖器も持ってて、交尾するとき、互いの性器をからませ合うんだよ」

ヘンリーの言葉に、マエレの目がらんらんと輝く。

「じゃあカタツムリは、自分のチンチンを相手のナニに入れつつ、相手のチンチンを自分に入れるってこと⁉　両方いっぺんに味わえるなんて最高じゃない！　ねぇ、てるこだって一度は、男側の気持ちを味わいたいと思わない？」

茶目っ気たっぷりにマエレが言ってくるので、私もつい妄想してしまう。

「んんん〜、まぁ確かに、男と女じゃどう違うのか、興味はあるねぇ」

「うふふっ、じゃあ、てるこに奇跡が起きるよう、祈ってるわね！」

「そんな、チンチンが生えてくるようなキテレツな奇跡、祈んなくていいよ！」

このカップル、今朝から会話の９割が下ネタじゃん！　と心の中でツッコミつつ、ふたりといると自由を感じて、のびのびできるなぁと思う。固定観念に縛られていないふたりにはタブーがないから、心の中で（こんなこと聞いてもいいかな？）とイチイチ考えずに済むのだ。思ったことを全部、そのまま口にできる世界って、なんて気持ちがいいんだろう！

３人で和気あいあいと話していると、ここがパリなのが信じられないくらいだった。今までは、「パリ」と耳にすると一瞬イヤ〜な気持ちが蘇っていたけれど、これからは「パリ」と聞いたら、今笑い合っている、この楽しい時間を思い出せるような気がする。

正直、こんなに良い出会いに恵まれても、パリの街そのものは得意にはなれない。それでも、私にとって、パリの印象を、「大好きになった人たちが暮らしている街」として記憶を上書きできたことが何よりもうれしかった。またいつかパリを訪れるようなことがあったら、ぜひ再会したいと思う人たちに、私はようやく出会えたのだ。

フランス★ルルド

奇跡の聖地《パワースポット》「ルルドの泉」で起きたミラクル

え、ここが本当に、毎年800万人が訪れる、カトリック最大の巡礼地!?

パリ発の夜行列車に乗り、早朝ルルド駅に着くと、こぢんまりとした素朴な田舎町という風情だった。南仏とスペインとの境、ピレネー山脈のふもとにある「ルルド」に立ち寄ることにしたのは、この地が屈指の〝パワースポット〟だと聞いたからなのだ。

駅前の坂道を下っていくと、土産物店や飲食店が軒を並べる通りが続いていた。どの土産物店も、ルルドゆかりの〝聖母マリア様グッズ〟のオンパレードで、店先にはマリア様をかたどった水の容器が売られている。数々の不治の病を治したことから〝奇跡の泉〟と呼ばれる「ルルドの泉」の水を、持ち帰るための容器であるらしい。

正直、磔《はりつけ》になったキリストの十字架像を家に飾る気にはなれないものの、ルルドのマリア様はとてもいいお顔をされていたので、ひとめで心惹かれてしまう。小さなマリア像&マリア様の容器を購入すると、聖地に来た感がこみ上げ、一気にテンションが上がる。

近くのホテルに空室があったのでチェックインを済ませ、まずは腹ごしらえ。通り沿いのレストランのテラス席に座ると、半袖シャツにベスト&ネクタイでビシッと決めたウェイターのおっちゃんが、ニコニコ顔でオーダーを取りにきてくれる。

「何がオススメです？」

「そうねぇ。僕の好物は、仔牛とパプリカのパスタだね！」

おっちゃんオススメのパスタを注文し食べてみると、濃厚な味わいの仔牛肉にさっぱりしたトマトソースが絡まって美味い！　パスタをたいらげ、大満足した私が「超おいしかったよ〜。トイレはどこかな？」と聞くと、陽気なおっちゃんがうやうやしく右腕を腰に当て、私と腕が組めるようエスコートしてくる。

「お嬢さん、わたくしめがお連れいたしましょう」

「アッハッハ！　たかがトイレで！」

執事気取りのおっちゃんの腕に大げさにすがりつき、膀胱《ぼうこう》を押さえつつ「も〜ダメ〜、漏《も》れそう〜」と悪ノリしてみる。すると、おっちゃんは「ナニ!?　漏れそう!?」と動揺し、大きなピッチャーを持ってくるとおまたの前に差し出して「いいから、これにやっちゃって！」などとぬかしてくるものだから、隣席の熟年カップルも手を叩いて大ウケだ。フランス人のラテンコント、おっかしいなぁ！

トイレから戻ると、さっき大笑いしていた熟年カップルの金髪女性が話しかけてくる。

ラテンノリのウェイターのおっちゃん

大御所女優＆コメディアンのよう

ビールをゴチになったフェリックスに感謝し、ハーレムごっこ

貫禄タップリの奉仕ナースさん

マリア様グッズを売る店の熟女

笑顔に人柄のよさがにじみ出ているナースさんたち

「ハーイ、あなたはどこから来たの？」「日本からだよ。あなたは看護師さんなの？」

金髪の彼女は白衣のナース姿だったので、さっきから気になっていたのだ。

「私は巡礼者のお世話をするボランティアなの。毎夏、バカンスの5週間はビーチでのんびり過ごすんだけど、今年は人の役に立ちたいと思ってパリから来たのよ」

「へ〜っ、ボランティアを！　さっきからナース姿の人をたくさん見かけると思ったら」

「ルルドで働く人はみんな、無償で奉仕してる人たちなの。世界中から何百万人も介護の必要のある巡礼者が訪れるから、ボランティアも毎年、通算で10万人以上集まるのよ」

「僕は愛する彼女のナース姿が見たくて、パリから7時間、車を飛ばしてきたんだよ〜」

金髪の女性は、ジャニン、51歳。ダンナさんのフェリックスは62歳。美人のジャニンは往年のフランス女優のような貫禄なのだが、ヘアロス気味なダンナさんは小柄なぽっちゃりさんという、絵に描いたような〝美女と野獣〟カップルだ。

「えっと、美人のジャニンは、なぜフェリックスを選んだの？」

私が単刀直入に失礼な質問をすると、ふたりは顔を見合わせて吹き出した。

「アッハッハ！　それはね、彼がとってもナイスマンだからよ〜。私たちは、子持ちのバツイチ同士なの。お互いの子どもたちも成人して、再婚したのは2年前なのよ」

「いろんな男を見て、人は見かけじゃないと」と言うと、ジャニンがうんうん頷く。

「そうそう！　離婚以来、数えきれないぐらいの男とセックスしたけど、フェリックスが人生ナンバーワンの男よ。私はもう、愛ナシのセックスはしたくないわ」

すげ〜っ。こんなオープンなテラス席で、ま〜たセックス談義を始めちゃったよ。

「ダンナの前で、よく過去のオトコ話をベラベラしゃべれるねぇ」と感心すると、ビールを運んできたウェイターのおっちゃんがトークに参戦してくる。

「当然だよ〜。僕たちフランス人は、〝恋愛依存症〟だからね」

フランス、どれだけ恋愛至上主義やねん！

なんにしても、酸いも甘いも知り尽くした、人生の後半戦で惹かれ合った熟年カップルは、どこまでも自然体で、見ているだけで微笑ましかった。ここが聖地だから感じのいい人が多いのか、はたまた、パリでマエレたちと出会ったおかげなのか、前よりもずっとフランス人に親しみが持てるようになった気がして、まだ聖地に足を踏み入れてもいないのに（ルルドに来てよかったなぁ！）という気持ちで胸がいっぱいになる。

陽気な〝美女と野獣〟カップルと手を振り合い、いざルルドの聖域《サンクチュアリ》へ向かう。大きな橋を渡り、聖域の門をくぐると、そこは広大な緑の公園のようなエリアになっていた。

聖域の奥には、深緑に覆われたピレネー山脈をバックに、おとぎ話に出てくるお城のようなフォルムの聖堂がそびえ立っている。青空の下、シンデレラ城を彷彿させるメルヘンチックな白い聖堂が映え、その美しさたるや、まるで〝天国のテーマパーク〟にでも来たような夢心地になる。

あぁ、なんて気持ちのいい場所なんだろう。これまで歩いてきた土産物店の並ぶ通りとは、空気がガラッと変わり、優しく清らかな空気に包まれているように感じるではないか。

歩いていると、さまざまな病を抱えた人たちが行き交う。手話で会話している人、視覚障がいで杖をついて歩く人、鼻にチューブを入れている人……どの人の顔も巡礼に来ることができた喜びに満ちていて、じつに晴れやかだ。車椅子の巡礼者も多く、至るところでナースが車椅子を押している姿を見かける。さっき会ったジャニンのように、病人のお世話をするためにやってきたボランティアなんだろう。

この世にこんな場所があるなんて……。今まで、病院以外の場所で体の不自由な人が集合しているのを見たことがなかったから、この光景はかなり衝撃的だった。車椅子の人やハンディキャップのある人を見る度に、胸がきゅっと痛む。クリスチャンではなく、特に病もないのに、パワースポットだと聞いてこの地を訪れた自分が不謹慎に思えてしまったからだ。

少し歩くと、高台の上に、両手を合わせた白い聖母マリア像が立っていた。マリア様はなんともおだやかな表情で世界を見守っておられて、その美しい姿にほれぼれしてしまう。

さらに進むと、ルルドの泉を発見した少女、ベルナデッタのモノクロ写真が飾ってあった。キリッとした顔立ちの聡明そうな少女で、清貧という言葉がピッタリくる純真な雰囲気だ。

スマホ検索し、「ルルドの泉」の由来をおさらいする。

ことの始まりは1858年。ルルドにある洞窟近くで薪を拾っていた14歳の貧しい少女、ベルナデッタの前に聖母マリアが姿を現し、その後もマリアは17回にわたって同じ場所に現れたのだという。あるとき、マリアの導きでベルナデッタが洞窟の土を掘ると泉が湧き出し、その清水によって不治の病が治る奇跡が次々に起きたため、ルルドは巡礼者が押し寄せる聖地になったというのだ。

一躍有名人となり、好奇の目に悩んだベルナデッタは22歳のとき、たっての願いで、遠く離れた修道院のシスターとなった。その後、修道院の仕事や病人への奉仕に身を捧げる生活を送るも、肺結核にかかり永眠。享年35だった。

興味深いのは、聖母マリアの姿はベルナデッタ以外の人には見えなかった、ということだった。初めは眉唾で（マリアを見たと言ったのは、思春期の少女のついた嘘なんじゃ……）という考えがチラついたものの、もし〝マリア出現〟が有名になりたくてついたミーハーな嘘なら、彼女が禁欲的な修道女として生涯を終えることはなかったような気がする。

正直言ってここに来るまでは、（まぁ、宗教に奇跡譚《たん》はつきものだしな）ぐらいに思っていた。ところが、ルルドのあまりにも清らかな雰囲気に、奇跡を信じたくなってきた、と言えばいいだろうか。そう思う決定打になったのは、ベルナデッタ本人の写真だった。この、世の中の酸いも甘いも見通しているような強い目ヂカラには、どんな言葉にも勝る説得力があったのだ。

何より、ルルドがカトリック最大の聖地になったのは、ベルナデッタの死後も聖水によって不治の病が治るという奇跡が起き続けているからなのだ。このルルドの敷地内にある医療局では、2500件もの事例を「説明不能な治癒」としていて、中でも68件が公式に「奇跡」として認定されているのだという。

成功事例が広がるのは世の常だし、宗教的プラシーボ効果もあるだろう。それでも、体を治したい一心でルルドに来た人たちは、万にひとつの奇跡を願って、この地を訪れているのだ。この地で奇跡を信じないことほど、不謹慎なことはないような気がした。ここに集う人たちの信仰を尊重するためにも、私も人々に奇跡が起きることを信じて祈ろう！　と心に決める。

奥へ進むと、聖域の中心である、白い聖堂が建っていた。カラフルなモザイク画で彩られた正面を見た途端、私はいっぺんで聖堂のとりこになってしまった。眺めているだけでほっこりするほのぼのムードのイラストで、いわゆる〝教会っぽさ〟とはかけ離れたファンタジ

幌付きの車椅子でキュートな聖堂へ

聖堂でマリア様にウエルカムされ、清らかな気分に

ックな画風。私はおどろおどろしい雰囲気のシリアスな宗教画が大の苦手なのだが、つぶらな瞳のキリストや聖人の姿のなんともユーモラスなこと！

中に足を踏み入れると、堂内は明るい雰囲気で、丸い天井には聖母マリアの色鮮やかなモザイク画が描かれていた。少女マンガ界の巨匠・萩尾望都のようなタッチのマリア様が両手を広げ、美しくもフレンドリーな微笑みで迎えてくださる。マリア様と、マリア様を囲むように描かれた可愛い天使たちの姿を眺めていると、天上界に吸い込まれそうな気分になる。天に召されるとき、こんな気持ちになれたならどれだけ心が安らぐだろう。

祭壇に向かって並ぶベンチでは、世界中からやって来たとおぼしき巡礼者たちが祈りを捧げていた。手をつないでやって来た白人のおしどり夫婦に、ナース姿の女性たち、サリーをまとったインド人ファミリーの姿もある。彼らが静かに祈りを捧げているのを見て、私も自然と手を組み、神に祈る。

あぁ、なんて気持ちが安らぐ場所なんだろう。欧州の歴史ある教会は重々しい威厳に満ちていて、神への恐れを感じて息が詰まることがある。一方、このルルドの聖堂はただただ優しく柔らかい雰囲気で、人を畏怖《いふ》させるムードが一切なかった。

これまでそう意識したことはなかったけれど、私は心のどこかでキリスト教が苦手だったんだなぁと今さらながら思う。人々の信仰は尊重しているものの、悪名高い奴隷貿易が「キリスト教を世界に広めるため」という大義名分のもとに行われたことを考えると、白人限定だった博愛を思って胸が苦しくなるのだ。

だが、ルルドの〝マリア出現〟は、奴隷貿易が禁止されて10年後のこと。巡礼地としての歴史が浅いルルドの聖堂は、因縁のフランス革命後に建てられたものだから、パリやキリスト教への苦手意識を感じずにすむんだろうか。この聖域に身を置いているだけで、クリスチャンではない自分も母なるマリアに抱かれ、大きな愛に包まれているような気持ちになる。

聖堂を出て裏手に回ると、巨大な岩壁があり、長い行列ができていた。どうやらこの先に、マリア様が18回も出現したとされる洞窟と、「ルルドの泉」があるらしい。行列の先頭を見ると、車椅子に乗っている人や杖をついている人は、列に並ばず優先されるよう配慮されていた。外の世界では不自由な思いをされている人たちが、ここではＶＩＰとして厚くもてなされているのだ。

最後尾に並び、なめらかな岩肌に触れながら歩くと、ガラスで覆われた〝奇跡の泉〟にたどり着いた。今もこんこんと水が湧き出ている泉に手を合わせて拝む。洞窟の上部を仰ぎ見ると、岩壁の窪みには出現を再現したような白いマリア像が見守ってくださっていて、ルルドの泉を巡礼できた喜びがこみ上げてくる。

洞窟の横には水場があり、ルルドの泉の水を引いている蛇口がいくつも並んでいた。好きなだけ水を汲むことができるらしく、みな喜々として水を汲んでいる。私も清水を汲んで飲んでみると、柔らかい口当たりでおいしい！　マリア様の導きで湧き出た清水といういわれを知っているせいで、〝神の恵み〟を頂いているような有難い気持ちになるではないか。飲めば飲むほど心身が浄《きよ》められる気がして、ここぞとばかりにガブ飲みしてしまう。

こうやって巡礼の王道コースをめぐっていると、ルルドの聖域は巡礼者にとって、聖母マリアのテーマパークみたいな場所なんだなぁと思えてくる。人々がここに来る理由は、奇跡的に治る人がいるからだ。それでも、体を治したい人たちにとっては、現実に奇跡が起きるかどうかよりも、ルルドを訪れる行為そのものが心身のヒーリングになっているんだろう。現に私も、聖堂と泉で祈って、泉の水を飲んだだけなのに、一連の儀式を通して心が洗われたような、たとえようのない清々しい気持ちになっているのだ。

清らかな鐘の音が響き渡る中、真っ青な幌付きの車椅子に乗ったお年寄りの一行が、ナースの介添えで聖堂に向かっている。ユートピアのような世界にいるせいで、ブルーの車椅子が、まるで遊園地の乗り物のように見える。体の不自由な人たちにとってルルドは、気後れせずに訪れることができる、世界で唯一無二の、特別な場所であるに違いない。

ベンチに腰かけて聖水を飲んでいると、見るからに重そうなハンディキャップのある女の子を、ベビーカーに乗せた家族が通りかかった。よそゆきのフリルドレスを着た女の子はルルドの水を汲めたのがうれしかったらしく、細く曲がった手でマリア様の容器を高く掲げ、満面の笑みを浮かべていた。両親が「よかったわねぇ」と笑いかけると、女の子はマリア様を胸に抱いてほくほく顔になっている。

ハンディキャップのある人を見かける度に、（この人にも、あの人にも、奇跡が起きますように！）と心の中で祈らずにはいられない気持ちになる。普段、町でハンディキャップのある人を見かけても、（大変そうだなぁ）とは思っても奇跡までは祈らないことを考えると、私の心の変化自体が奇跡だと言っていいかもしれない。

人間生きていれば、誰でも何かしら問題を抱えているものだし、私も悩みがないワケではないけれど、ここにいると、苦しいのは自分だけじゃない、という当たり前のことに気づかされる。そして、自分よりもっと大変な人生を歩んでおられる人に思いを馳せることになるから、おのずと、人のために心から祈ることができるようになるんだろう。

ルルドにいると、他者に対してだけでなく、自分自身に対しても優しくなれるような気がした。パワースポット目当てでやって来たようなミーハーな自分ですら、聖母マリアに優しく受け入れられたことで、ありのままの自分を受け入れる気持ちになれたんだろうか。それとも、人のために心から祈ることができた自分に出会えて、その優しい気持ちが自分にも返ってきて私を包んでくれているんだろうか……。

なんにしても、透き通るような青空の下、こんなにも安らぎを感じる聖地でさわやかな風に吹かれていると、とても自然な気持ちで、自分が自分でいることが居心地いいな、私は私のままでいいんだな、と素直に思うことができたのだ。

聖域を後にし、ベルナデッタの生家等を見学したり、城塞に登って緑に満ちたルルドの町&ピレネー山脈の素晴らしい眺めを一望したりと、ルルドを散策した後、再び聖域へ向かう。4月から10月までの間、聖域では毎晩〝ロウソク行列〟と呼ばれる夜のミサが行われていると聞いたからだ。

聖堂に直行してスロープを登り、聖域の広場が見渡せるポイントに腰を下ろす。

夜のとばりがおりる頃になると、ロウソクを手にした人々がどこからともなく集まり始めた。こんなに小さな町にこんなにもたくさん人がいたとは！　と目を見張っていると、その数がどんどん膨れ上がっていく。

夜9時、数えきれないほどの巡礼者が集まり、〝ロウソク行列〟の大行進が始まった。先頭には聖母マリア像を御輿《みこし》のように担ぎ上げたグループ、その後ろにストレッチャーに寝たままの病人や車椅子に乗った人たち、さらにロウソクの灯りを手にした大勢の人々が続く。

闇夜の中、ホタルのような光を放つ、何百、何千ものロウソクの灯火《ともしび》。賛美歌を口ずさみ

ミサの余韻に浸るナースさん

聖堂裏手にある、マリア出現の洞窟

ピレネー山脈の麓にあるルルド

巡礼に来た妊婦さんもほのぼの笑顔

闇夜の中、ロウソクの灯りが胸に沁みる美しいミサ

ながら、聖域の参道をゆっくり進む人々。あの小さなひとつひとつの光が、ひとりひとりの命が燃えている証《あかし》なのだと思うと、儚《はかな》い美しさに胸が締めつけられる。

マリア様を讃える賛美歌が繰り返し歌われるうちに、リピートされるサビの旋律「♪アヴェ〜アヴェ〜アヴェ〜マリア〜」を、私も自然と口ずさめるようになってきた。まわりを見回すと、賛美歌を歌う人たちの表情は清らかで、ここに集合している何千もの善き人たちとの一体感、高揚感をどう言えばいいだろう。ゆるやかに流れる光の大河を眺めつつ、「♪アヴェマリア〜」と口ずさんでいると、世界のみんなで気持ちをひとつにして歌っている感じがたまらず、なんとも言えない至福感で心が満たされていく。

聖域を一周したロウソク行列が整列していき、いつしか聖堂前の大きな広場は、厳かな五輪の閉会式のような雰囲気を醸し出している。漆黒の闇に包まれた聖域全体が、ロウソクの灯りで満天の星のようにきらめき、目を開けているのがまぶしいほどだ。

私はひとりでミサに参加しているのに、ここにいる人たちみんなと気持ちをひとつにできているおかげで、気持ちは少しもひとりじゃなかった。なんというか、闇夜に自分が溶けて自分の範囲がどんどん広がり、自分自身と他の人との差がなくなっていくような感覚、といえばいいだろうか。「無意識下で人はみな繋がっている」と説いたユングの集合的無意識を、ファンタスティックに具現化したような光景が目の前に広がっているのだ。

祈ることは、ただひとつ。世界中の人々の苦しみが和らぎ、より良く生きることができますように。この、心が透き通るような神々しい一体感の中で、自分のことだけを祈っている人なんてひとりもいないだろう。あぁ、こんなふうに世界中の人が、自分のためだけでなく、世界中の人々のためにも祈ることができたなら――！

「♪アヴェ～アヴェ～アヴェ～マリア～」

大合唱が始まり、みながいっせいにロウソクを高く掲げるとき、人々の祈りがとてつもないパワーのうねりとなって夜空に舞い上がり、天に昇っていくように感じられる。尊い祈りに胸を打たれ、涙で光がにじむ。世界中の人たちが集結して、こんなにも平和な祈りが捧げられている場所があるなんて……。

目に映るすべてが美しい夢のようだった。この世のものとは思えないほど神秘的で荘厳なミサ。このルルドだけが世界から切り離されて存在しているような、不思議な浮遊感。天国がこんな場所なら、死ぬのはちっとも怖くないなぁと思わせてくれるロウソク行列が、今までどれだけの人を癒してきたことだろう。

光の海を眺めていると、灯りの数だけ希望があるように感じられる。ただただ、心を込めて祈ることの大切さを教えられる。この世に生を受けた人はみな、幸せに生きたいと願い、希望と共に生きる存在なのだ。

ポルトガル★ナザレ

漁師町のミニスカート・マダムたちと、下ネタ女子会

翌朝、早起きして聖域の沐浴場で沐浴をさせて頂き、身も心もすっかりデトックスした私は、次の旅先、ポルトガルを目指すことにした。

列車を乗り継ぎ、夜10時、リスボン行きの夜行列車に乗り込み、意を決して、、、、車内のバーに向かう。

普段はひとりで酒場を訪れたりしないものの、ここは、自分の気持ちを伝えたり自己主張しないと生きていけないヨーロッパ。英語がペラペラな人の多い欧州で〝観光業以外の人〟に話しかけるのは超苦手だったものの、ひとり旅をしている以上、人見知りを気取ってる場合ではない！　と気持ちを新たにする。

そもそも旅先に限らず、話しかけたら相手は迷惑なんじゃ……と思ってしまうのはなぜなんだろう。人生を振り返ってみても、人から話しかけられて迷惑だったことなんて、客引きとナンパぐらいのもの。話しかけてみて、もしも反応がイマイチなら、「どうも～」と笑顔で退散すればいいだけの話。同じ地球で同じ時代に生き、同じ場所で出会った者同士、ただ、

楽しいひとときをシェアしたいだけなのだ。

　車内のバーにたどり着き、ビールを呑みつつスマホでポルトガル情報を調べていると、隣席の兄ちゃんたちの会話にポルトガルの地名が出てくるのが聞こえて、私は確信した。この人たち、全員ポルトガル人だ！

　自分は悪いことをしようとしているワケでもなんでもない、ダメもとダメもと！　と言い聞かせ、ポルトガル語の挨拶を検索し、勇気を振り絞って話しかけてみる。

「オラ！（こんにちは！）　えっと、みなさんはポルトガルの人ですか？」

　すると、お酒が入って陽気な兄ちゃんたちが気さくに応じてくれる。

「オッラ〜！」「ハーイ！」「これから俺たちの国を旅するのかい？」

「んも〜、明日からのポルトガル旅が楽しみで！　イチオシの食べ物があれば、ぜひ教えてもらいたいなぁと思って」

　私がそう言うと、兄ちゃんたちは「お安い御用だよ！」とノリノリで応じてくれる。

「国民食のバカリャウ（干しダラ）料理は、絶対食べてくれよな！　酒の肴にもいいぞぉ」

「海の幸がウマいから、ぜひ海鮮リゾットも食べてよ。海辺の町で食べるのが一番だね」

「ポルトガルは、フランスやスペインより物価が安いから、旅しやすいと思うよ〜」

「おお〜、オブリガーダ！（ありがとう！）」

普段はフランスやスペインで働いていて、これから故郷でバカンスを過ごすという兄ちゃんたちが、〝お国自慢〟を織り交ぜつつ教えてくれる。当然と言えば当然のことだけど、ポルトガル行きの列車には、里帰りするポルトガル人が乗っているんだなぁと思う。

あぁ、勇気を出して話しかけてよかった！　ヨーロッパは個人主義がベースにあるから、自分から話しかけて「コミュニケーションの意思」を見せないと、（あの旅行者はひとりでいたいみたいだから、そっとしておこう）と思われてしまうことが分かってきたのだ。

考えてみれば、私だって新大阪行きの新幹線内で「大阪行きが楽しみで、おいしいタコ焼き店を教えてもらえませんか？」と聞かれたら、ほいきた！　という感じで「子どもの頃から食べてるから、私は『和楽路屋《わらじや》』の味が一番ホッとしますね～」などと喜んで答えるだろう。我が故郷に向かわんとしている旅人から〝お国の魅力〟を質問されて、イヤな気持ちになる人なんてそうそういないのだ。

車内のバーでわいわい呑んでいると、まだ足を踏み入れてもないのに、早くもポルトガルのバーで一杯やっているような不思議な気分になる。列車に乗りながら、すでにポルトガルの旅が始まっている感じがして、ポルトガルの神様にウエルカムしてもらえたような気がしてくるではないか。

翌朝、コーヒーを飲もうと車内のバーに向かうと、昨日とはまた別のポルトガル人の兄ちゃんたちがいて、赤ワインのボトルを開け、朝っぱらから宴会ムードになっている。

「オラ！　こんな朝から呑んでて、ゴキゲンだねぇ」と話しかけてみる。

「待ちに待ったバカンスだもの。そりゃ呑むさ！」「きみも呑む？」と兄ちゃんたちに勧められ、ポルトガル名物、ポートワインのご相伴にあずかると、独特のコクと甘みが美味い！

「お〜、デザートワインみたいなフルーティな味わいだね〜」「だろ？　じゃもう一杯！」なんて感じで勧められるままに朝ワインを呑み始めると、リスボンに着く頃にはすっかりできあがっていた。

千鳥足でホームに降り立ち、気のいい兄ちゃんたちとビッグハグを交わす。

「うへ〜、ワインをありがと〜！　いいバカンスをね〜」

「てるこも、僕たちのマザーランドを楽しんで！　チャウ〜（バイバ〜イ）」

着いた首都リスボンで駅構外に出ると、真っ青な空が広がり、海のようにでっかいテージョ川がはるか彼方まで続いていた。さんさんと輝く太陽、水色のキュートな駅舎、川に停泊している大きな客船、通りをのんびり歩くラフな格好の人たち……。

ふわ〜、なんて解放感のある国なんだろう。いつもなら、初めてその国に降り立ったときは気持ちがキュッと張りつめているのに、列車内でポルトガル人と呑み、笑い合ったおかげ

列車のバーで、気のいい兄ちゃんたちと朝からワイン宴会

リスボン行きの車内で、仲良く話した米国の女子大生たち

で心が解き放たれ、自然体でいられるのが心地よかった。ポルトガル人は〝素朴で控え目なラテン系〟という感じの人が多くて、話しやすいなぁと思う。あぁこの、大らかな感じがゆる〜いアジアっぽい！

「オラ〜。ナザレ行きのバスに乗りたいんですが」と尋ねまくり、バスターミナルに到着。12時発の長距離バスで目的地のナザレを目指す。このポルトガルでのミッションは「ミニスカートをはいた、漁師のマダムたちを激写すること！」。海辺の小さな漁師町のナザレには、伝統的なミニスカートをはいたマダムが大勢いて、町を華やかに彩っているというのだ。

都会を離れ、田舎道を走ること2時間。ナザレに着いてバスを降りると、麦わら帽を被ったニコニコ顔のおばちゃんが「ウチの宿に泊まらない？」と駆け寄ってくる。宿を見せてもらうと、安宿ながらバスタブもあり、お湯が張れるタイプだったので即決する。

まずは、腹ごしらえ。列車で出会った兄ちゃんおすすめのレストランへ向かうと、関根勤似のおっちゃんが日本語のメニューを持ってきてくれる。メニューには日本人旅行者のメモが幾つも貼ってあり、「イワシの炭火焼き&あんこうのリゾット、最高！」「店のご主人もいい人です♡」などと書いてあったので、同胞のアドバイスに従ってこの2品とビールをオーダー。

真っ青な海を眺めながら、テラス席で潮風に吹かれつつビールを呑む。

運ばれてきたイワシの炭火焼きを食べてみると、うまーっ!!　ふっくらした白身のイワ

街歩きが楽しい、美しいナザレ

心根の優しい関根勤似のおっちゃん

イワシの炭火焼き＆ビールでくぅ〜！

センスよく居心地のいい安宿

シは、焼き加減&塩加減が絶妙でビールに合う。トマト味ベースのあんこうのリゾットは、エビやアサリ等、海の恵みがタップリ詰まった濃厚な味で、文句のつけようがない美味さだ。

食後、現金の手持ちが少なかったのでカードが使えるか聞いてみると「うちはカードが使えないんだ。無理しないでも、お金は明日でもいいよ〜」とナザレの関根勤はにっこり笑い、のんびり海を眺めている。ゆるいというかナンというか、どれだけいい人なんだ！

「え、ホントに明日でもOKなの!?」

「いいよ〜。今日でも明日でも、おんなじだからねぇ」

「じゃ、チャウ〜」「チャウ〜」とおっちゃんと手を振り合い、ナザレの散策へ向かう。期間限定とはいえ、初めて来た外国の町で、人生初の無銭飲食。人に信じられるって、存在をゆるされている感じがして、あったかい気持ちになるなぁ。レストランでごはんを食べることひとつとっても、人が人を信じることで成り立っているのだということを、私は改めて思い知らされていた。

海外を旅していると、生きることのひとつひとつが、メチャメチャ新鮮に感じられるようになる。食事をとること、その日寝る場所があること、列車やバスに乗ること……普段は当たり前すぎてなんとも思わないことなのに、旅先では、これらをひとつずつクリアする度に、とてつもない達成感が得られるのだ。

そして、人間のあらゆる営みが、「人が人を信じること」から始まっているのだということを思わずにはいられなかった。さっきのレストランにしても今日泊まる宿にしても、支払いは後払いで、どこの馬の骨とも知れない私を「ちゃんとお金を払う人間」だと信じてくれているのだ。そして私も、安全でおいしい食事を提供してくれる場所だと信じ、安全で清潔な寝床を提供してくれる場所だと信じて、店や宿を決めたことを思う。テロや戦争のニュースを見ると、世界は人と人が傷つけ合ってばかりいる場所に思えることがあるけれど、この世は基本的に、人と人が信頼し合うことで成り立っている場所なのだ。

青空の下、真っ白な建物が軒を連ねるメインストリートを歩くと、こじゃれたレストランに、センスのいい雑貨店、土産物店が軒を並べていた。こぢんまりとしたナザレは一見リゾートらしい佇まいなのだが、一歩、路地に入ると漁民たちの居住区になっていて、軒先にはアジの干物が並び、カラフルな洗濯物がたなびいている。

ふぅ〜、なんて気持ちのいい午後だろう。家の前に七輪を置き、上半身裸でイカやイワシを焼いている漁師のおっちゃん、散歩している猫、昼寝中の犬。初めて来たのに懐かしい、生活感たっぷりの下町っぽい風情。時間の流れがゆるやかに感じられるほど、目に映るすべてがのんびりしているように思える。キュートで人間くさい街並みを見て、私はひとめでナザレが気に入ってしまった。

お目当てのミニスカマダムを探していると、家の前にイスを置き、道端でレースの編み物をしているミニスカマダムを見っけ！　ふんわりバルーン型の膝丈ミニスカートに同丈のエプロンを重ねたばあちゃんは、小憎らしいほど愛らしかった。全体的になんとも乙女チックなフォルムで、まるで〝永遠の少女〟のような出で立ちではないか。

ひとり発見すると、後は芋づる式に見つかり始め、ミニスカマダムが街のあちらこちらにいる。そのミニスカートの柄も、花柄からチェック柄、刺繍入りなど、バリエーションが限りなくあり、まさに百花繚乱《ひゃっかりょうらん》。ミニスカマダムを発見する度に「おお、いたいた！」と、まるで四葉のクローバーを見つけたように興奮してしまう。

潮の香り漂う中、白い町の至るところで、ミニスカ井戸端会議の花が咲いている。ご近所みんなが知り合いで、会えば立ち話が始まる、のどかな漁師町という雰囲気のナザレ。居住区の白い建物の角を曲がると、また新たなミニスカマダムが見つかるワクワクといったらなかった。

それにしても、お年を召したマダムがここまでかわゆく見えるなんて、ズルい伝統衣装だなぁと思う。〝ふんわりバルーン型のスカート〟という、あどけない子どもがはくような服をシニアがはいているというギャップのせいで、くすぐったいような不思議な可憐《かれん》さがあるのだ。

ところがよく見ると、そこかしこにいるミニスカマダムは、何やら値段表記のようなプラカードを手にしている人が多い。このマダムたち、もしやポン引き!? いや、まさかとは思うけど、こう見えて、ミニスカ衣装で誘惑してるストリートガールならぬ、ストリートオババなのか!?

首を傾げていると、プラカードを手にしたミニスカマダムが駆け寄ってくる。

「オラ～! ウチの宿に泊まらない? 20ユーロにオマケしとくよ～」

なんと、ばあちゃんたちは民宿の客引きだったのだ! 声をかけてきたばあちゃんはエプロンのポケットから宿の写真を取り出し、勢い込んで見せてくる。

「すてきな宿だねぇ。でも、宿はもう決めちゃったんだよ～」と私が首を振ると、ばあちゃんは両肩を上げて言う。

「そっか～、残念。今度来たときは、ぜひ泊まっとくれ!」

フツーなら、高齢の女性が街角でキャッチをして稼いでいるなんて……と物哀しい気持ちになりそうなものを、どのミニスカマダムも明るく朗らかで、悲壮感がないのがいい。

「このスカート、すっごく可愛いね! 写真を撮らせてもらってもいいかな?」

英語があまり通じなかったので、スカートに向けて投げキッスして見せ、リスペクトしている気持ちを懸命に伝えると、ばあちゃんはにっこり笑ってOKしてくれた。

「わ～、オブリガーダ!」

ノリノリになった私がプラカードのばあちゃんを撮っていると、「ね、アンタ！　次はこの人も撮ってあげてよ！」と誰かが大声で言う。

見ると、通りにイスを並べておしゃべりしているグループの、リーダー格らしい銀髪ばあちゃんがニカニカ笑いつつ、自分の隣に座っている黒服の眼鏡ばあちゃんを指している。

「え、撮ってもいいの〜!?」

黒いミニスカ×黒シャツの眼鏡ばあちゃんに近づくと、シャイな眼鏡ばあちゃんはハズカシがって両手で顔を覆ってしまった。

「ヤダ、よしとくれ〜」「いいから、撮ってもらいなって！」

銀髪ばあちゃんが強引に眼鏡ばあちゃんの顔から両手を引きはがすと、眼鏡ばあちゃんの丸眼鏡は自分の息で真っ白に曇ってしまっていた。

「ギャハハ！」と銀髪ばあちゃんは足をバタつかせ、他のおばちゃんたちも大笑い。友だちの眼鏡が湯気で曇ると思わず笑ってしまうものだけど、知らないばあちゃんの眼鏡が真っ白になった姿もかなりマヌケで、私もつい吹き出してしまう。

「アンタ、写真ひとつにどんだけ興奮してんだよ！」と銀髪ばあちゃんがツッコむ。

「じゃあさ、銀髪ばあちゃんのことを撮らせてよ〜」

青チェック柄のミニスカをはいた銀髪ばあちゃんに近づき、ミニスカ押しのアングルを狙

自分の座るイスを運ぶマダム

民宿の客引きのマダムたち

会えば立ち話が始まるナザレ

ふんわりミニの可愛いマダム

銀髪ばあちゃん、急に照れまくり！

おしゃべり好きの仲良しグループ

全身黒ずくめの定番スタイル

頭に巻いたバンダナもオシャレ

って下からあおり気味に写真を撮ろうとすると、今の今まで威勢の良かった銀髪ばあちゃんは急にハズカシがり始め、顔をクシャクシャにして思いきり照れまくっている。

「ダメダメ！　私じゃなく、もっとあっちの若い人を撮りなってば！」

「いやいや、マダムも超可愛いよ〜。ヘイ、カモ〜ン！　いいねぇ！」

道にケツを付けて座り込み、グラビアカメラマンよろしく「そのスカート、いいよぉ〜！似合ってるよぉ。イェ〜、オーケー、オーラァ〜ィ！　カマァ〜〜ン！」と下からあおってバッシャン、バッシャン激写する。私がスカートの中を覗き込むフリをし、「うわ、パンツ、見ちゃった！」などと冗談めかして目をしばたたかせると、まわりのばあちゃんたちも手を叩いて大ウケだ。

即席撮影会後、スカートを指して「中はどうなってるの？」と聞いてみると、英語の苦手な銀髪ばあちゃんをフォローすべく、若めのおばちゃんが通訳してくれる。

「本来はスカートを7枚重ねてはくんだけど、今は夏だし、私も今日はスカート2枚重ねだね。最近じゃ伝統衣装を着る女も減りつつあるよ」

銀髪ばあちゃんは、73歳。子どもが2人、孫は5人。生まれも育ちもナザレで、生粋のナザレっ子なのだという。

「でも、なんでまた、スカートを7枚も重ねるの？」

「私らの夫はねぇ、みんな漁師なんだ。夫が海に出ている7日間の安全を願って、女たちがスカートを7枚はいたのが始まりだって聞いてるよ」

なんと、ナザレ独特の伝統的なオシャレは、愛しい夫を想っての装いだったのだ。確かに、命懸けの漁から無事帰還したとき、7枚重ねでフリフリのミニスカ妻に「アンタ〜、おかえり〜！」と迎えられたら、男たちはさぞやテンションが上がるだろう。そして、その可愛いミニスカートの中に飛び込みたくなったろうなぁ、などと想像してしまう。

銀髪ばあちゃんが、さっき眼鏡が真っ白に曇った、黒ずくめの服装の眼鏡ばあちゃんを指して言う。

「この人が黒一色でキメてるのは、ナザレでは夫が亡くなると、女は生涯、黒い服を着るんだよ」

「あぁ、黒い服の人をよく見かけると思ったら！　じゃあ、ダンナさんを亡くすと、他のオシャレができなくなるんだねぇ」

そこに、また別の黒いミニスカマダムが通りかかり、銀髪ばあちゃんに話しかけている。全身黒コーデのマダムは、黒いスカーフを頭にふわっと掛け、黒いミニスカに黒いエプロンを合わせていて、これが定番のスタイルなのだという。

立ち話が終わり、黒服マダムが「チャウ〜」と立ち去っていくのを見送る。夫を亡くした後、喪に服しているからこその奥ゆかしい伝統衣装なのに、黒いミニスカマダムの後ろ姿は、女子高生のように元気ハツラツな感じだった。なんかもう、いちいち可愛いなぁ！

「ね、ばあちゃんの髪の毛はどのくらい長いの？」と聞くと、彼女はお団子にまとめていた銀髪をふりほどいてくれた。銀髪ばあちゃんがシャンプーのCMみたく首を振ると、腰まで届く銀色ロングヘアがゆらめき、まるで童話に出てくる魔法使いのようではないか。

「おお～！　さらさらのロングヘアで、超セクシー熟女じゃん！」

「どこがセクシーなもんかい。あたしゃもう8年もセックスしてないんだよ！」

ばあちゃんが突然、〝最終セックス歴〟について言及したので、みんなが「ギャ～ッハッハ！」と声を上げて笑う。思わず吹き出しつつも、どうリアクションしてよいものやら私が戸惑っていると、銀髪ばあちゃんが畳み掛けてくる。

「8年セックスナシなんだよ？　あたしゃ65歳からただの1回もセックスしてないんだよ？」

知らんがな!!　つーか、街中でセックスセックスって何回言うねん！　むしろ、65歳のときに、したってことが驚きだよっ！　ていうか、人前で最終セックス歴をぶっちゃけること自体、面食らうわ！　伝統衣装をまとった生真面目でおカタいマダムかと思いきや、下ネタOKのサバけたアラコキ〈アラウンド古希（70歳）〉だったとは!!

「え～っと、ばあちゃんのダンナさんは健在なんでしょ？」と銀髪ばあちゃんに聞いてみる。

「そうだよ。でも、彼女の夫はもう天国だからしょうがないけど、私は黒い服を着てないだろ？　ウチの夫は、まだ死んじゃいないんだよ」

「じゃあさ、ダンナさんが生きてるうちに、今晩にでもおやりよ〜」

半分冗談、半分本気でそう言い、銀髪ばあちゃんをツンツンつつくと、銀髪ばあちゃんは肩をすくめて言う。

「そりゃあ私だって、できるもんならやりたいさ。でも、夫のナニが役立たずなんだよ！」

「ヒャ〜ッアッハッハー!!」

銀髪ばあちゃんの言葉に、みんなが腹を抱えて笑う。オイオイ！　夫婦間のトップシークレットをこんな人前で！　と心の中でツッコミつつ、「そんなにセックスが大事なのー!?」と聞いてみる。

「あったりまえだろ。セックスがないなら、あたしゃもう、黒服着てるのと変わんないじゃないか」

「ナニが立たないだけで、ダンナはすでに死んだも同然ってこと!?」

「そりゃそうさ。私はすでに、夫が天国に行った人と同じ状態なんだから」

ホワイのポーズをしてみせる銀髪ばあちゃんに、私は二の句が継げなかった。まだ生きているダンナにしてみれば、自分のナニ問題を井戸端トークで笑いの種にされて、たまったもんじゃないだろう。なんにしても、真っ昼間から下ネタで大盛り上がりできるなんて、ナザレは本当に開けっぴろげな港町だなぁと思う。

銀髪ばあちゃんは、通りを行き交う黒ずくめのミニスカマダムを指すと、大げさに両手を上げ、芝居がかった感じで言う。

「あぁ、なんてこった！　あの人も、あの人も、長いことセックスしてないよ！」

「そっか〜、みんなダンナさんがもう天国だもんねぇ」

世界中、男よりも女の方が寿命が長いから、ナザレも例外ではなく、ばあちゃんの黒ミニスカート率の高さと言ったらないのだ。

「み〜んな、ごぶさたさ。なんたって、ダンナのナニが、もうこの世にないんだからね！」

「ギャーッハッハ！」「ヒャ〜ッハッハ！」

銀髪ばあちゃんの言葉に、マダムたちがヒーヒー笑う。私は（いや、ダンナのナニがないだけで、他の男のナニなら幾らでもあるけどね）と言いそうになるも、ぐぐっと呑み込む。

ナザレのマダムたちは下ネタで盛り上がりこそすれ、今も亡夫に操《みさお》を立てて古風な〝一本主義〟を貫いていて、なかなかどうして、一途で〝純情〟なのだ。

「夫たちはとっとと先に死んじゃうから、この通り、黒服だらけの町さ」と銀髪ばあちゃん。

「てことは……、ナザレは〝セックスレス・シティ〟ってこと？」と私が聞くと、マダムたちはどっと笑う。

「スィ～スィ～！（そうそう！）」

声揃いすぎだよ!!　ポルトガルの片田舎での昼下がりに、ミニスカマダムたちと『セックス・アンド・ザ・シティ』ごっこ。ハリウッドが大層に映像化するはるか昔から、ナザレでは女子のあけすけなトークが繰り広げられていたのかもしれないな。

可愛いマダムたちと「チャウ～！」と手を振り合い、ケーブルカーで丘の上に登り、展望台から眼下のナザレを一望する。

澄み切った空の下、オレンジ色の屋根×白壁の家並み、白砂のビーチ、青いグラデーションの美しい海が果てしなく続いている。ビーチいっぱいにパラソルの花が咲いているさまが優雅で、バカンスを楽しむ人たちの姿も込みで魅惑的でピースフルな眺望だ。

しばらく歩くと教会に面した広場があり、土産物店やナッツの露店が並んでいた。よく見ると、ナッツの露店の女主人はみな色鮮やかなミニスカートをはいていて、いかにも〝名物おばちゃん〟らしい雰囲気を醸し出している。中でも、ぷっくり膨らんだボリューミーなミニスカマダムがいたので、ひまわりの種を買って話しかけてみた。

「おばちゃんのスカート、膨らみが大きくてキュートだねぇ。スカート、沢山はいてるの？」

「ハッハッハ、似合ってるだろ～？　最近の若い人は祭りのときしか伝統衣装を着ないんだけど、私はこのスカートが大好きだから、毎日ちゃんと7枚はいてるんだよ～」

太陽みたく元気なマダムは、ゴキゲンに鼻歌を口ずさみつつ、くるっと回ってみせる。

「ぜひ、貴重なスカート姿を撮らせて！」

「あぁ、いいとも。これでスカートの中身が全部見えるか～い？」

サービス精神旺盛なおばちゃんがスカートのすそを持ち、7枚の重ねばきが見えるようめくり上げてくれる。花柄の刺繍エプロンの下には、レース付きのオレンジ、イエロー、グリーン、ピンク、パープル、黄緑チェック、紺チェックのスカートが重なっていて、中身は想像以上にまばゆい極彩カラーだった。

「うわ～、きれー！　自然界の色が全部入ってて、まさにレインボーカラーだねぇ」

「イエ～ッ！　私の手作りスカートなんだよ～！」

真っ青な空の下、マダムの豪快な笑顔と、ド派手な7色スカートが映えること！　自分らしい服を着て自分の個性を生かしている人は、本人だけでなく、まわりまで気持ちよくさせてくれるなぁと思う。〝ナザレの太陽〟みたいなマダムにとって、伝統衣装はお仕着せでも借り物でもなく、これが自分だ！　といえる誇り高いアイデンティティなのだ。

日が暮れてきたので、絶景ポイントの展望台へ向かう。

地元の人たちに混じって展望台の縁に腰かけ、大西洋に沈んでいく夕日とナザレの町を遠

誇らしげなミニスカマダム、堂々とした存在感がカッコイイ！

く見晴らす。白く美しい街並みが、夕日を浴びて宝石箱のようにキラキラ輝き始めるのをぼんやり眺めていると、時間を忘れてうっとりしてしまう。

あぁ、何をしたわけでもないけれど、ナザレまで可愛いミニスカマダムたちに会いに来てよかったな。私は、銀髪ばあちゃんが「8年もセックスしてないんだよ!」と言い出したとき、ご年配だと思って油断していて、胸がどきんと波打ったことを思い返していた。でも考えてみれば、子どものいるばあちゃんが、性の営みと無縁だったワケがないのだ。

よく「大人も昔、子どもだった」と言うけれど、「おばあちゃんも昔、娘だった」のだということ。今じゃダンナの自虐話で笑いを取る銀髪ばあちゃんにも、ミニスカ7枚重ね姿で、漁帰りの夫をいそいそと迎えていた頃があったことを想像するだけで、なんだか胸がきゅんとしてしまう。

チャーミングなミニスカは、どの家のお母さんも「娘」だったことを自動的に思い出させてくれる伝統衣装だなぁと思わずにいられなかった。そしてここナザレでは、マダムたちは年と共に枯れていくのではなく、年を重ねるほどに〝街の売り〟となって、ナザレをイキイキと活気づけている。

マダムたちが、身をもって教えてくれたこと。

生きている限り、誰もが現役なのだ!

脱いでみて

身体で感じるヨーロッパ

モナコのセレブ御用達スパで、ジェットシャワーにビビりまくり！

ポルトガル★リスボン

美人の〝天使〟と、路地裏のファド（民謡）バーへ

翌朝、〝庶民の台所〟である市場へ行こうと思い、気合いで早起きした。

市場へ向かうと、今朝、港に揚がったとおぼしき魚介類に、色とりどりの野菜や果物、手作りのお菓子やパンがずらっと並んでいて、どこもかしこも活気に満ちている。ナザレは女たちの存在感がハンパなく、市場の売り手も買い手もマダムで、見ているだけで楽しい気分になる。

日本のスーパーと比べると破格の安さだったので、量り売りのマンゴーやぶどう、チーズを買い込み、エッグタルト（カスタードクリーム入りのタルト）を買い食いしながら歩いていると、昨日仲良くなったミニスカマダムたちと出くわしたので、笑顔＆ハイタッチを交わす。

「おお、オラ～！」「オラァ～～！」

顔見知りと笑顔を交わし始めると、昨日と同じく、芋づる式に笑顔を交わせる人が増えていく。親しくなったマダムのミニスカ姿を激写しまくり、昼は〝ナザレの関根勤〟の店に行き、支払いを済ませがてらランチを食べてまったり。夜はレストランで意気投合したオース

トラリア人のねえさん二人組に誘われ、小さなクラブで踊りまくったりと、ナザレを満喫した私は、明くる日、首都リスボンへ向かった。せっかくポルトガルに来たのだから、民俗歌謡「ファド」を聴きに行こうと思い立ったのだ。

だが、バスでリスボンに着き、どうにか宿を決めると、どっと疲れが噴き出した。巨大な建物、広告の洪水、帰宅を急ぐ勤め人……。ルルド、ナザレと、のどかで小さな田舎町を回ってきた身からすると、久しぶりの大都会はギャップがありすぎて、頭がクラクラしてくる。あぁもう、何もかもデカすぎる!!　生まれてこの方、ずっと都会暮らしだというのに、人混みが落ち着かず、誰とも仲良くなれる気がしなかった。雑踏に身を置いているだけで胸の鼓動が速まり、自分の居場所がない感じがしてしまうのだ。

何より私は、もうどこにも、可愛いミニスカマダムたちがいないのが寂しかった。ここにきて、まさかの〝ミニスカマダム・ロス〟。ナザレでは、ミニスカマダムを見かける度に、あんなにも幸せな気分になれたのに！　あの、小さな漁師町が恋しかった。当たり前のことだけど、ナザレを再訪しない限り、（あ、かわゆいマダム見っけ！）という、あのときめきは二度と得られないのだ。

日が暮れかかる頃、ファドバーに向かうべく地下鉄に乗った私は、気持ちを落ち着かせようと思い、スマホでリスボンを検索してみた。すると、「リスボンは比較的治安がよいが、地下鉄でもスリや置き引きに注意！」という情報がわんさか出てくる、気持ちが休まるどころか心細さがグワーッとこみ上げてきて、不安と恐ろしさで胸がいっぱいになってしまう。

こんなに安全そうな地下鉄なのに、この中にスリがいるんだ!? 誰？ どこ？ 待てよ、さっきから私はオドオドしながらスマホをいじってたから、もしかして今狙われてる？ そういわれてみると、この人もあの人も、どことなく怪しく思えてくるではないか。すっかりネガティブ・スパイラルに陥った私は、リュックを胸元に抱え込み、疑心暗鬼で辺りを見回してしまう。

終点の駅に着くと、人混みによろめき、どちらに向かえばいいかも分からない。ど、ど、どうしよう！ 外はもう薄暗いし、都会、怖ぇ〜よ〜!! 思わず立ちすくんでしまい、過呼吸気味にフーッハーッと深呼吸しながら必死に息を整えていると、ポルトガル人とおぼしき美人が近づいてくる。え？ え？ 私に何か用??

「あの〜、日本の方ですよね？ 顔色が悪いけど、どうされました？ 大丈夫ですか？」

あれ？ ポルトガル人のかわいこちゃんが、日本語をしゃべってる!?

「はい、日本人です！ リスボンの危険情報を読んだら、急に恐ろしくなってきちゃって」

私がそう言うと、心優しい彼女はホッとしたのか、人なつっこい笑顔を浮かべている。

「大丈夫ですよ〜。治安でいうと、新宿の歌舞伎町の方がよっぽど危険ですから。もの凄く深刻な顔をされてたから、何かトラブルにでも巻き込まれたのかと思っちゃいましたよ〜」

いかにも知的な雰囲気で、目鼻立ちのクッキリした彼女の名前はアナちゃん、30歳。お父さんがポルトガル人、お母さんが日本人だというアナちゃんは、日本で生まれ育ち、今はリスボンで通訳として働いているのだという。

「てっきりポルトガルの人だと思ったから、なんで日本語を!? ってビックリしちゃいましたわ〜」と言うと、アナちゃんが茶目っ気タップリで言う。

「こんな顔してるけど、茨城の田舎で納豆を食べて育ったんで、私の半分は納豆でできてるんですよ〜。だから、ちょっと気を抜くと、茨城弁の『だっぺよ〜』が出ちゃうかも」

「わお、その洋風の顔立ちから、〝だっぺ節〟が聞けたら最高だなぁ！ 生きてるうちに会えた人はみんな同世代だから、アナちゃん、タメ口でしゃべってね〜」

「りょうかい、だっぺ！」

「あはは！ さっそく聞けた〜」

それにしても、今まで世界中を散々ひとり旅してきたというのに、現地在住の同胞に心配されて、声までかけてもらうなんて！ 申し訳なく思いつつも、もともと怖がりで緊張しいだからこそ、私は今まで、本当の本当には、怖い目に遭わずに済んでいるのかもしれないなぁとも思う。旅先でトラブルに遭うのは、意外にも、旅慣れた人が多いというからだ。

リスボンが似合う美人のアナちゃん

とても親切なリスボンの駅員さん

美味くて安くてボリューム満点！

アナちゃん行きつけの大衆食堂

ひょんな出会いから意気投合した私たちは、夕食を一緒に食べようという流れになり、アナちゃん行きつけの大衆食堂へ向かった。ローカル感満載の気さくな店に入り、イワシの炭火焼き&鶏の炭火焼きを注文すると、大量のふかしイモとポテトフライの付け合わせがドドーンと盛られていて、信じられないボリュームだ。

これからファドを聴きに行こうと思っていると話すと、アナちゃんの顔がパッと輝いた。

「私もファド好きだし一緒に行こっか。盛り上がるのは10時過ぎだし、ちょうどいいかも」

「わ、ホント!?　リスボンに寄り道してよかった〜！」

夜、馴染みのない町での外出に怖気づいていたときに、突然、目の前に現れたアナちゃんが、なんだか天使みたいに思えた。ファドを聴こうとふらっとやって来たリスボンで、日本語ペラペラのファド好き女子に声をかけられるなんて、それこそ天文学的な確率なのだ。旅先で人様に心配されるような自分を少々情けなく感じていたものの、臆病なビビリだったからこそ〝リスボンの天使〟に見つけてもらえたことを思うと、自分のチキンぶりに感謝したくなってくる。

考えてみれば、道にも迷わず、すいすい目的地にたどり着いてしまうと、人に道を聞くこともないし、濃厚な旅にはならないのだ。そしてそれは、人生とて同じく。難が有るから〝有難い人生〟だと思えるのであって、難が無ければ、それは単に〝無難な人生〟だろう。

自分はメチャメチャ方向オンチで、全く落ち着きがなく、小心者な面があるからこそ、人との出会いが多く、旅先で人との出会いに恵まれるのだということ。(私ってダメだなぁ……)と凹みそうになっても、こんなハプニングがある度に、自分の「短所」は全部「長所」だと思わせてくれるのが、旅の醍醐味なのだ。

食後、ファドバーが集まるアルファマ地区に向かう。オレンジ色の灯りに包まれた街には、どこか幻想的なムードが漂っている。ノスタルジーを感じる古い街並みを歩いていると、レトロな路面電車《トラム》が走っているのが見えた。

「ちょうどトラムが来たから、あれに乗っちゃお！」とアナちゃん。

黄色いキュートな路面電車に飛び乗ると、車内の壁や窓枠は温もりを感じる木製で、昔のヨーロッパにタイムスリップしたような気分になる。細い通りをぐいぐい、建物すれすれで駆け抜ける路面電車は、乗っているだけで楽しい街中《まちなか》アトラクションだ。

トラムを降り、迷路のように入り組んだ石畳の道を歩くと、路地のあちらこちらから、哀愁に満ちたファドの音色が漏れ聴こえてくる。

「ファドの店は、大きく分けて3種類あるの。観光客用の〝ザ・ショー〟みたいな店と、プロの歌手やセミプロが歌う店と、お客自身が歌う店ね」

「ファドは大衆音楽なんだよね。なら、地元の人が集まってる店がいいなぁ」

アナちゃんに連れられて老舗のファドバーに入ると、小さな店内はすでに超満員。壁には所狭しと歌手のチラシやポスターが貼られていて、ファドがどれだけ地元の人に愛されているかが伝わってくる。

お店の自家製サングリアで乾杯し、ファドが始まるのを待つ。

「ファドってお年寄りの演歌みたいなイメージだったけど、若い人も結構多いんだねぇ」

「フツーに呑むのとそう変わらない金額で楽しめるし、雰囲気も堅苦しくないからね」

と、そのとき、停電かと思うほど店内の照明が暗くなった。ジーンズ姿の兄ちゃん2人組がギターを奏で始めると、店の奥から、スーツ姿のメタボおやじがのそのそ歩いてくる。これから歌手が登場するんだから、オッサン、早く席に着いてよ〜と思っていると、突然そのオッサンが胸に手を当て、悩ましげに歌い出したではないか。

店内に響き渡る、渋いしゃがれ声。会社帰りのサラリーマンかと思いきや、メタボおやじがファドの歌い手だったとは！

物憂《ものう》げなメロディに乗せて、切ない気持ちをしみじみ歌い上げるファド。驚いたことに、ファドはマイクなしで、肉声で歌われるのだ。それでも、絞り出すように歌うボーカルは店内が振動するぐらいパワフルで圧倒されてしまう。

3曲ほど歌うと拍手が巻き起こり、休憩タイムになった。

「最後の曲は、哀しい愛を歌ってたんだよね？」とアナちゃんに聞いてみる。

「いや、故郷の素晴らしさを歌った歌だったよ。俺たち、こんなに素敵なリスボンに住めてラッキー！　みたいな」

「ええ!?　あんなに顔ゆがめて、苦しそうに歌い上げてたのに〜!?」

イスからズッコケそうになった私に、ファドに詳しいアナちゃんが解説してくれる。

「ファドって暗く哀しいイメージがあるけど、陽気なお国自慢の歌も多いんだよね。あとは、町のウワサ話の歌とか、お祭りの歌とか、本当にいろ〜んな歌があるの」

次に現れたのは、さっきのメタボおやじをさらに一回り大きくしたようなビッグサイズで、頭つるっつるのおっちゃんだった。シャツの前をはだけ、モジャモジャの胸毛が3Dで飛び出しているような、こんなイケてないつるつるヘッドが歌手ぅ!?

だが、歌い始めると、これがなかなかどうして、心揺さぶるボーカルなのだ。ムーディにもほどがある薄暗さの中、おっちゃんの頭だけが光り輝く。凄みのあるダンディな歌声を聴いていると、男臭さアピールがむさ苦しく思えた胸毛のつるつるヘッドが、いぶし銀のナイスミドルに見えてくるから不思議なものだ。

3曲歌い終えると、割れんばかりの拍手喝采が湧き上がった。

「ね、最後の曲は、さすがに人生の哀しみを歌った歌だったよね？」と聞いてみる。

「いやいや全然！　初めの2曲は愛の歌だったけど、最後のはタクシー運転手の歌だよ。『朝起きてハンドル握ってゴー！　これが俺のタクシーマン人生さ！』みたいな感じで」

「なぬ〜!?」

人生の機微を哀愁たっぷりに歌い上げたと思いきや、そんなに陽気な歌だったとは。ポルトガル語が分からないので、勝手に歌詞を想像して聴いているのだが、生活臭あふれる歌詞のおもろいこと！

聞くと、ファドにはスタンダードな名曲がたくさんあるものの、メロディだけが決まっていて好きな歌詞を乗せて歌う曲も２００以上あるそうで、想像以上に奥の深い世界なのだった。

「お客自身が歌うファドバーだと、演奏は生だけど、日本のカラオケスナックみたいなノリだよ。みんな、歌詞を自由に作って歌うの。替え歌のオンパレードだから、超盛り上がるよ〜」

「へ〜っ！　毎日どっかの店で、〝替え歌選手権〟が開催されてる感じなんだねぇ」

気がつくと店内は立ち見の人だかりで、ファド熱を感じる人気ぶりだ。普段、私が生の音楽を聴く場合、あらかじめ予約して開演時間に合わせて会場に行くことを考えると、聴きたいときにふらっと店に行けばいいだけだなんて、音楽と生活の距離が近いなぁと思う。

大盛況の中、つるつるヘッドのおっちゃんの歌は超パワフル！

リスボンの天使、アナちゃんが現れ、ハイテンションに

生活の延長線上の、すぐそばにあるファド。センチメンタルな郷愁に、庶民のたくましいバイタリティ。ファドはまさしく、庶民の生活から生まれた土着の音楽なのだ。ポルトガルの大地にしっかと根付いた大衆歌謡に酔いしれつつ、大人のラテンな夜が更けていく。

翌日の昼すぎ、仕事が休みだというアナちゃんと待ち合わせ、街を散策する。

中世の佇まいを残した街並みながら、そこかしこの路地に下町情緒を感じるリスボン。夜のロマンチックな雰囲気とはうって変わって、昼間はカラッと陽気で明るいムードだ。

地元のレストランに入り、ポルトガルの定番家庭料理だという「バカリャウ・ア・プラス（干しダラと玉ネギ、フライドポテトの卵とじ）」をオーダーする。食べてみると、極細ポテトのしゃきしゃき食感、塩タラの旨味、とろっとした半熟卵のハーモニーが絶妙で、こんなにシンプルな食材なのに幾重にも重なるウマさだ。ポルトガルは、人も料理も素朴ながら味わい深いなぁ！

食後、リスボンの街を一望できるサン・ジョルジェ城の展望台に登る。

澄み渡った青空の下、オレンジ色の屋根×白壁のキュートな家並みがどこまでも続いている。あぁ、なんてのどかで、伸びやかな気持ちになる眺めだろう。街を見晴らせるベンチにアナちゃんと並んで座り、心地のいい風に吹かれつつまったりする。

人の家を覗き見気分になる路面電車

ゆるくて素朴なラテン系、多し

セグウェイで見回り中の警察官

バーでのひとり飲み、カッコいい！

「アナちゃんは、日本で暮らすより、ポルトガルの方が肌に合う感じなの？」

私が聞くと、アナちゃんは大きな瞳をくりくりさせつつ答えてくれる。

「そうねぇ。生まれ育った日本のことも愛してるけど、日本にはカフェがないからなぁ」

「カフェ？　スタバとかドトールとかいろいろあるよ？」と言うと、アナちゃんは首を振る。

「日本のじゃダメなんだよ～。ポルトガルはしょげたとき、行きつけのカフェに行けばいいから楽なの。たとえば、落ち込んでカフェに行くと、誰かが『元気ないな。どうした？』って話しかけてくれるんだよ。で、『いや～こんなことがあってさ～』って感じで話すと、励ましてもらえるんだよね」

「へ～っ！　その『誰か』っていうのは、もともと知り合いなの？」

「毎日のように行くカフェだから、顔見知りもいるけど、初めて会う人もいるよ。なんとなく、誰かとちょっと話したいなってときに、ふらっと行く場所なんだよね」

なんだか想像もつかなかった。今までの人生でカフェには何百回と行ったことがあるものの、アナちゃんの言うそれは、私の知っているカフェではなかったからだ。

「ちょっと凹んだときに、気軽に弱音が吐けるなんて、なんだか夢みたいな場所だなぁ！　私も近所にそんなカフェがほしいよ」

「でしょ～。てるこさんはしょげたとき、カフェもないのに、どうやって立ち直ってるの？」

ホントだよなぁ。アナちゃんの話を聞くと、カフェもなしに、私はこれまでどうやって立ち直ってきたんだろう？　と思わずにいられなかった。誰にだって本当は、ポルトガルのカフェみたいな場所が必要なのだ。

あぁ、気の合う人と話すのって楽しいな。しかも、母国語で話せる安らぎといったら！　日本とヨーロッパの違いを肌で実感してきたアナちゃんとしゃべっていると、トークのラリーがいくらでも続き、話しても話しても話が尽きなかった。

「日本って、生きづらいと思う？」と聞いてみると、アナちゃんが思いを巡らせながら言う。

「うーん、私は正直、謝ってばかりいるのがキツくなるときがあったよ。日本にいると、自分の責任じゃないことも、自分の責任にさせられたりするじゃない？　私、前にドイツで2年働いてたことがあるんだけど、『それは私の問題じゃない』ってハッキリ言うドイツ人の生き方に、ものスゴく救われたもん」

「ドイツ人って、慣れると楽だもんねぇ。正直、真面目すぎて融通が利かないから、初めはちょっと冷たく感じたけど、あぁ見えてすごく人情深い人たちだし」

「そうなの！　たとえば日本だと、電車が遅れたのが原因で会議に遅刻したら『申し訳ありません！』って謝るよね。これがドイツなら『電車が遅れたのは、あなた自身のミスじゃな

「漢字のタトゥー、クールだろ？」

道を聞いたら「私たちも旅行者よ〜」

安宿受付で風呂上がり風ワンピに目がテン！

人のいいタクシーのおっちゃん

い。だから、あなたが謝る必要はない』って言ってくれるから、気持ちが楽になるんだよね」

「なるほど〜。ドイツ人は合理的に生きてるから、ヘンな気を遣う必要がないんだねぇ」

1週間前にドイツを旅してきたおかげで、ドイツ人の人となりがありありと浮かぶ。

「でも日本だと、たとえば私が予約した居酒屋に友だちと行ったとするよね。で、店の人の態度が悪かったり、料理がおいしくなかったりしたら、その店を予約した自分が責任を感じて『なんか、ごめんね』ってみんなに謝らなきゃいけなくなるような感じ、あるじゃない」

「あぁ分かる〜。ドイツ人とかフランス人とか、そんなことじゃ絶対謝らないもんね」

「もっと自己中で生きてるからね〜。『これは店側の問題で私の責任じゃない』って感じで」

アナちゃんの「日本にいると、謝ってばかりいるのがキツくなる」という意味がクリアになるにつれ、どんどん腑に落ちる。私も会社員時代、自分のミスでもないのに、仕事先の人に「脚本が遅れてて本当にすみません！」とか「ギャラがこれだけしかなくて本当に申し訳ないです！」などと一日中謝っているうちに、ほとほと疲れ果ててしまうのが日常だったからだ。

挨拶程度に軽く「すみませ〜ん」と言える人ならともかく、毎回心を込めて「申し訳ありません！」と本気で謝っていると、自分が本当にダメ人間のように思えてきて、精神がどんどん削られ、鬱っぽくなってしまったことを思い出さずにはいられなかった。

「確かに会社員時代、自分のミスでもないことで謝るのが、ものスゴいストレスだったわ。日本人の繊細さは本当に素晴らしいと思うけど、謝りすぎっていうか、何でもしょいこみすぎだと思うねぇ」

私がそう言うと、アナちゃんが言う。

「私さ、ヨーロッパで暮らしてて実感したんだけど、日本の親って子どもが大きくなっても『こうした方がいい』とか『これはよくない』とか、子どもの人生に意見するじゃない。ドイツや北欧だと親は子どもが自立できるように育てるけど、日本の親は子どもを自立できない人間に育ててる気がして。私、これは日本の福祉が頼りないせいだと思うんだよね」

「え？　福祉!?　福祉と子どもの自立がどう関係してるの？」

私が目を白黒させると、欧州の国々を観察してきたアナちゃんが持論を展開する。

「ドイツとか北欧の国は福祉が充実してるから、親が子どもに介護してもらう必要がないけど、日本の福祉制度はまだまだ不十分だから、親は子どもに老後の面倒をみてもらいたいと心のどこかで思ってる気がするんだよね。そういう親の不安が、無意識に、子どもを自立させない方向にしむけてるんじゃないかと思うんだよ」

「親の老後への不安が、子どもの自立を阻んでいると！　確かに、一理あるかもねぇ」

考えてみれば、私の独立のときもそうだった。私が「いつかは会社を辞めようかと」と言おうものなら、おかんは口酸っぱく「絶対辞めたらアカンって！」と阻止してきたのだ。

まぁ老後の介護問題はさておき、おかんが私の独立に反対していたのは「あんたのためを思って」というテイを取りながらも、結局は「自分のため」だった気がする。「子どもが路頭に迷うと世間体が悪い」し、「会社にいてもらった方が将来的に面倒なことがなさそうで、親として都合がいい」という理由だったように思うのだ。

「言われてみると、日本の親は子どもの人生に介入しがちだねぇ。大学での講演で、海外ひとり旅を勧めると、『危ないからダメって親から反対されてて、どうすればいいですか』って質問してくる学生が必ずいるもん。ちゃんと自分のお金で行こうとしてるのにだよ？　これだって、親が子どもの自立を妨げてる例だよね」

私がそう言うと、アナちゃんは大きな目をさらに大きくして言う。

「ヨーロッパの感覚だと、親が子どもに『旅に出るな』って口出しするなんて、ホント信じられないよ！　そういう子たちは、親から『そんな仕事はダメ』とか『この人との結婚はダメ』って言われたら、どれだけやりたい仕事でも、どんなに好きな人でも、あきらめちゃうのかな？」

「どんな結果になっても、それが本人の学びになるんだから、自由にさせてあげればいいのにね。じゃないと、一生、親のせいにする人生になっちゃうから。私はいつも学生たちに、『後悔するような人生になったら、一生、親を恨むことになるけど、それでもいい？』って言ってみたら？　ってアドバイスするんだよ。『今はもう親の世代とは違うんだよ』ってことを伝えて、今度は、子どもが親を育てる番だと思うんだ」

私がそう言うと、アナちゃんがウンウン頷く。

「『老いては子に従え』ってことわざもあるしね。親のために生きてるワケじゃないんだから、自分で自分の人生を決めるのは当然だよ。私も日本を飛び出していろいろあったけど、今となっては、全部必要な道のりだったと思えるもの」

「私もメチャメチャ悩んだけど、会社を辞めたからこそ長旅に出られて、こうやってアナちゃんとも出会えたし、独立して本当によかったと思うよ」

私はもう、親の期待に応えるために生きていないし、上司の期待に応えられない自分をダメ人間だと思う必要もない。私はようやく、誰かの期待を満たすためではなく、他でもない自分自身のために、自分の人生を生きられるようになったのだ。

「あの辺りに私の住んでる家があるの。あっちが昨日のファドバーのある地区だね」

リスボンを愛するアナちゃんと並んでオレンジ色の街並みを見晴らすのは、格別な気分だった。首都ながらもこぢんまりしていて、どこかのんびりした雰囲気のリスボンを眺めていると、気持ちがどんどん和らいでいく。

　言ってみれば「街」というモノは、単に建物の集合体でしかない。その街をどんなふうに感じるかは、どんな人に出会ったかなんだよなぁと思う。私が今、東京に住んでいるのも、スカイツリーのフォルムが気に入ったとか街並みがオシャレだとかいう理由ではなく、東京で出会った人たちが、離れ難く、かけがえのない存在になったからなのだ。

　そして、あのオレンジ屋根の重なりの中に、昨夜行った大盛り食堂も、太っちょ歌手のファドバーも、アナちゃん行きつけのおしゃべりカフェもあるのだと思うと、リスボンの人々の営みが愛おしく感じられてならなかった。アナちゃんと出会えたおかげで、あの屋根の下に暮らす人たちに思いを馳せることができ、リスボンの街をグッと身近に感じられるようになったのだ。

　食後、夜行列車の出発時間までアナちゃんの家で休ませてもらうことになり、古い建物をリフォームした、レトロな雰囲気のアパートにお邪魔する。

　中に入ると、ヨーロッパの女子らしいセンスに満ちていて、日本のひとり暮らしの部屋とはひと味違う異国情緒に見とれてしまう。クラシックで渋い玄関のドア、窓から見える港の夜景、色鮮やかなポルトガルの陶器や飾り皿、お手製の黄色い木製棚、ペットの可愛いインコ……。淹れてもらったカモミールティーを飲みつつ、すっかりリラックスモードになる。

「どこかでなくしちゃったみたいで、この辺で化粧水とかクリームを買える店ってあるかな？」と聞くと、アナちゃんが言う。

「私のお手製でよければ、化粧水とクリーム、餞別《せんべつ》に作ってあげよっか」

「え、そんな、自分で作れるもんなの!?」

アナちゃんが、スイートアーモンドオイル、ミツロウ、シアバターを湯煎で溶かし、クリームを作ってくれる。化粧水は、グリセリンと水を混ぜるだけであっという間にできあがり。

「うわ、このクリーム、いい香り！」

「手作りだから無添加で安心だし、お肌にもいいよ～」

空になっていたルルドのマリア様の容器に、アナちゃんがお手製の化粧水を入れてくれる。

「てるこさん、ちゃんと寝てる？　肩がこっちこちだよ～。マッサージしてあげるから横になって」

マッサージの上手なアナちゃんが私の肩や腰を揉みほぐしてくれて、なんだか夢心地になる。

「イデデデデ～！　そこ、マジでチョ～効くぅ～」

「んも～、ちゃんと休まなきゃダメだよ！」

私は昨日、アナちゃんが目の前に現れたとき、天使みたいに感じられたことを思い返して

自然な白髪がカッコいい女性

アナちゃんのご近所さんと挨拶

雑貨店のインド移民のおねえさん

クリームを作ってくれるアナちゃん

いた。でも、アナちゃんは「天使みたい」なのではなく、本当に天使だったのだ。天使はこんなふうに、地上界にもちゃんといる。ここぞのときに現れて、窮地を救ってくれる人はみな、正真正銘、天使なのだ。

今まで、世界の旅先で、日本の日常で、私はどれだけの天使とめぐりあい、救われてきたことだろう。天使と遭遇して、有難さで胸がいっぱいになる度に思う。願わくば、私もときには誰かの前にさりげなく現れて、そっと手を差し伸べるような天使でありたいなぁと。

日本を発って早2週間。毎日めくるめく旅先でハシャギまくり、さすがにバテ気味だった私を、アナちゃんがどれだけくつろがせてくれたことだろう。なんの心配もなく、ただただ楽しく、日本語（しかも、気を使わなくてすむ夕メ口《ぐち》！）をしゃべりまくれたこの2日間は、私にとってオアシスのような癒しタイムだったのだ。

スペイン★セビリア

深夜0時開店！「フラメンコバル」で大合唱

次の旅先、スペインのアンダルシア州都、セビリアに着いたのは昼すぎだった。ヨーロッパの列車遅延にも慣れてきた今日この頃。夜行列車が3時間も遅れ、イラッとしかけるも、そのおかげで夜遊びに備えて爆睡できてラッキー！　と思い直す。スペインでのミッションは「フラメンコな夜を満喫すること！」なのだ。

セビリアの街を歩くと、さすがフラメンコ発祥の地、土産物店にはド派手な扇子やヒラヒラスカートの衣装等のフラメンコグッズがあふれていて、本場に来た感がグッと高まる。どこからか聞こえてくるのは「♪ボッラーレ、オッオッオ〜」という大ヒット曲で知られる世界的なジプシーバンド『ジプシー・キングス』のような、パンチのある歌声の音楽だ。

（「ジプシー」とは、インドを起源とし、世界中に散在する移動民のこと。近年、「ロマ民族」という呼称が広まりつつありますが、「ジプシー」と呼ばれる人びとすべてが「ロマ」と呼ばれることを望んでいるわけではないため、ジプシー・キングスが「ジプシー」をポジティブな呼称に変えていきたいという意志を込めてバンド名にしていることに倣《なら》い、私も敬意を込めてこの敬称を使います）

笑顔のステキな明るい車掌さん

スペイン高速鉄道は、食事つき

コミカルなタクシーの運転手さん

タパスを運ぶジャッキー・チェン似の兄さん

異国情緒に満ちた旧市街は、迷路のように入り組んだ細道に白壁の家々が連なり、色鮮やかな花々が飾られていた。吹き抜けの庭があるよさげな安宿にチェックインし、フロントのおっちゃんに聞いてみる。

「地元のフラメンコが見たいんだけど、どこがオススメかな？」

陽気なおっちゃんはノリノリになり、フラメンコ風の手拍子をしてみせる。

「なら、フラメンコ好きが集まる『アンセルマ』に決まりだな。参加型のフラメンコバルで、店の女主人、アンセルマが見事な仕切りを見せてくれるよ。開店は24時だけどね」

「え、店のオープン、深夜0時なのー!?」

「僕らは基本、夜型人間だからね〜。たっぷり昼寝《シエスタ》して、夕食も夜の9、10時からだし」

きた、シエスタ！　スペインでは昼すぎから夕方までの時間帯、お店がシエスタで閉まっている、みたいなことが珍しくないのだ。

日本にいると、ついざっくり「ヨーロッパ」と一括りにしがちなものの、欧州は国ごとの国民性がまったく違って、バラエティに富んでいるなぁと思わずにはいられなかった。古城で一緒に呑んだドイツ人の面々は朝7時からきっちり朝食をとっていて、生真面目な〝早寝早起き〟ぶりに驚いたけれど、ここスペインでは〝シエスタ＋夜更かし〟がフツーのライフスタイルなのだ。

キュートな幾何学模様の洗面台

超狭くても開放的なムードの安宿

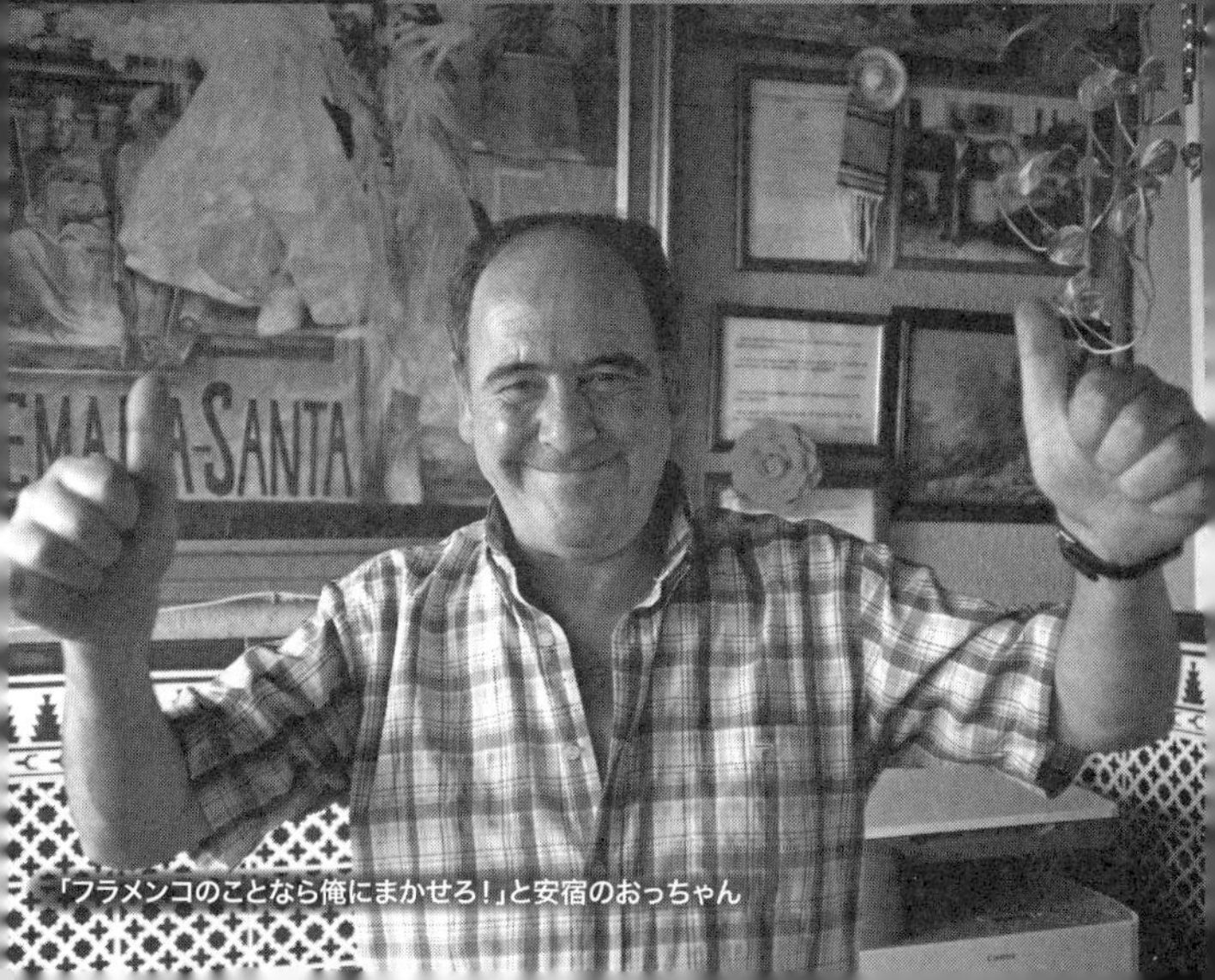

「フラメンコのことなら俺にまかせろ！」と安宿のおっちゃん

バル（バー）で小皿料理タパスのランチをたんまり食べ、街を散策した後、ネットで見つけた大きめのタブラオ（フラメンコのライブハウス）へ向かってみる。セビリアは1泊の予定だし、せっかくフラメンコの聖地に来たのだから、ディナー付きのフラメンコショーも体験してみようと思ったのだ。

だが、訪れたタブラオでショーが始まると、10分もしないうちに、この店に来たことを後悔してしまった。歌もダンスも技術的には申し分ないものの、ハートにちっとも響かない。フラメンコのルーツは〝移動民〟ジプシーにあるのに、ニコニコ顔で白い歯を見せて踊るダンサーには、ジプシーっぽさが1ミリも感じられなかったからだ。あぁ、私はもっと泥臭いフラメンコが見たかったのに！

私は、憧れのジプシーに会いたいあまり、東欧のルーマニアを旅したことを思い出していた。歌とダンスとド派手な衣装が大好きで、行き当たりバッタリな生き方を愛するジプシーは、過激なほどチャーミングな人たちだったのだ。

今や世界各地に散らばっているジプシーは、西暦1000年頃、インドから西へ「理想の地を求めて」旅立ち、15世紀頃にヨーロッパに到達したといわれている。独自の文化を持つ彼らは、祖国のない民族だったこともあって、行き着いた各地で苦難の歴史を歩んできた。そして、ここアンダルシアにたどり着いたジプシーも差別や迫害を受けてきたのだが、蔑《さげす》まれてきた彼らの怒りや苦しみを表現した歌や踊りが、フラメンコのもとになったといわれているのだ。

そんなこともあって思い入れたっぷりでセビリアまでやってきたのに、ジプシーの面影が微塵もない〝ザ・観光フラメンコ〟が私には退屈で、時間が経つのがメチャメチャのろく感じられた。（あ〜あ、せっかくここまで来たのになぁ……）としょんぼりしていて、ハッとした。せっかくここまで来たからこそ、人生最初で最後かもしれないセビリアを、悔いなく楽しまないでどうする！

よーし、こうなったらフラメンコのハシゴだ!!

居ても立ってもいられない気分になった私は、ディナーをかきこんでタブラオを後にし、タクシーに飛び乗って、宿のおっちゃんが『アンセルマ』の次にオススメしてくれたタブラオへ向かった。（遠路はるばる、ここまで来たのに！）と思うと、時間を無駄にしているのがもったいなく感じられ、火事場のバカ力のようなパワーが湧き上がってきたのだ。

着いた『ロス・ガジョス』に入ると、小さな店内はほぼ満席。ムーディな照明の中、ギター奏者が切なくも美しい旋律を奏で始め、男性歌手が『ジプシー・キングス』ばりのハスキーなしゃがれ声で歌い始めた。

そこへ、赤いドレスに大判スカーフをまとった美人の女性ダンサーが登場し、床を激しく踏みならす。浅黒い肌でインド風に見える彼女には、ジプシーの血が流れているんだろうか。フリルのついたロングスカートをめくり上げ、華麗な足さばきと踊りにスピード感が増していく。

赤いドレスを火のようにはためかせ、気迫に満ちた女性ダンサーから湧き出る情念は激しく、そこに笑顔はない。生きている喜びと、それと同じくらいの悲しみが押し寄せ、ぁぁもうどうにもならない！　いったいどうすればいいの！　という切実な思いが交差するダンス。さっきのショーと同じような衣装で同じような音楽なのに、フラメンコの種類が全く違うことに驚かずにはいられなかった。ただ単に楽しい雰囲気のショーよりもずっと深く胸に染み、人生の重みを感じる踊りなのだ。

ダンスが終わり、会場が拍手に包まれると、お次は若い男性ダンサーが登場。だが、ダンサーの兄ちゃんは何の変哲もない顔立ちなうえ、頭髪がプチバーコード状態で、薄毛を隠さんとしているのがバレバレ。うう〜む。自分の父がヘアロスを少しも気にしない人だったので薄毛アレルギーは全くないものの、私は薄毛を隠そうとしたり自虐的なことを言うネガティブ薄毛が大の苦手なのだ。

やれやれ、ここまで来たのに、よかったのは美人ダンサーだけかぁ……と思ったのも束の間、手拍子でリズムを取っていた男性ダンサーが踊り出した途端、会場中が固唾を呑んでダンスにクギ付けになった。

　つま先とかかとで床を踏み鳴らす、激しい足音。指先まで緊張がみなぎる、力強い動き。情熱的なステップからほとばしる、自信に満ちあふれた官能的なオーラ。あまりにも美しい華麗さに圧倒され、薄毛バーコードがこの世で最もセクシーな髪型に思えてくるではないか。なんたる魔法！　ネガティブ薄毛なんて思ってゴメンやで！　兄ちゃんの只事じゃないフエロモンに、私にはもう彼がジェームズ・ボンドを演じるイケメン俳優、ダニエル・クレイグにしか見えなかった。いや〜、やっぱりヨーロッパのポジティブ・ヘアロスはいい!!　フラメンコの神様に愛されているとしか思えない彼のダンスは、生きる喜びに満ち満ちていて、その躍動感にうっとり魅入ってしまう。

　この気迫に満ちたダンスが見られて、このタブラオに来て、本当によかった！　と思ってハッとした。時計を見ると深夜0時前で、フラメンコバルがオープンする時間だ。慌てて外に出てタクシーを捕まえ、行き先を告げると、運転手のおねえさんが言う。

「これからフラメンコ？　今日は土曜だし、普段以上に盛り上がるわねぇ」

「お、あなたもフラメンコが好きなの？」と聞くと、おねえさんはにっこり笑って言う。

「もちろん！　私は〝アンダルシア人〟だもの。休日に、踊るのが楽しみで生きてるくらいよ。自分を思いっきり全開にして、踊るときの解放感ったらないわ。人生はフラメンコよ！」

ノリのいい、屋台の仲良しコンビ

夜の闇に浮かび上がる美しい大聖堂

歴史を感じるアンセルマの入口

「フラメンコ命！」なおねえさん

はぁ〜、人生はフラメンコ！　この地の人にしか言えない決めゼリフを聞いて、胸がぐっと熱くなってしまう。

「アンダルシア人は、まさに『ノーフラメンコ、ノーライフ』なんだねぇ！」

今さらながら、私たちが「スペイン」と聞いて思い浮かべる、フラメンコやギター、陽気で情熱的といったイメージは、アンダルシア地方のものだったんだなぁと思う。ついおねえさんに、「スペイン人はフラメンコが好きなんだねぇ」と言ってしまいそうになったものの、彼女のアイデンティティは国籍の「スペイン人」ではなく、「アンダルシア人」なのだ。

着いた「アンセルマ」は、フラメンコの伝統を感じる、レトロな雰囲気の小粋なバルだった。壁という壁にフラメンコの絵やポスターが所狭しと飾られた店内は、フラメンコ愛に満ちていて、これからの展開が楽しみになってくる。

カウンターで注文すると、銀髪のきれいな女性がビールを注いでくれる。シックな黒い衣装の彼女は夏木マリのような気品に満ちていて、年を経たシワのカッコいいことと言ったらなかった。〝アンダルシアの夏木マリ〟は慣れた手つきでカウンターの中を動き、どんどん入るオーダーに軽やかに応え、顔なじみと気さくなトークを交わしている。こういう、有無を言わせずカッコいい人を見ると、70歳過ぎたらカウンターだけの小さなお店をやるのもいいかもなぁと夢想してしまう。

ゆうに50人を超える客が集っただろうか。イスやテーブルが雑多な雰囲気で置いてあるフロアに席を確保し、ビールを呑んでいると、フラメンコギターと打楽器カホンの演奏が始まった。

しばらくすると、フロアの小さなスペースに黒ドレス姿のマダムが現れ、バルに響き渡るソウルフルな声で歌い始めた。このバルにはこれといった舞台があるわけではなく、歌う彼女とお客の間に境がないから、めちゃめちゃフラットで濃厚な空間だ。

恰幅のいいマダムの堂々とした歌いっぷりと、威厳のある立ち振る舞い。指先には真っ赤なマニキュア、首と腕には高級そうなアクセサリーの数々。『千と千尋の神隠し』の〝湯《ゆ》婆婆《ばーば》〟チックなヤリ手感を漂わせつつ、貫禄たっぷりに歌い上げている彼女は、間違いなく、この店の女主人アンセルマだろう。

「ハイハイ、ホッホラレーホ〜！」

両手を広げて歌いつつ、もう何百年もこのバルを営業してきたような湯婆婆が、客のテンションを盛り上げる。

湯婆婆の手拍子に合わせて、客の手拍子もヒートアップ。観客を誘い、語りかけるように歌い上げる湯婆婆は、リスボンのファド同様マイクは使っておらず、よく響く肉声だ。

レトロな雰囲気の中、繰り広げられるフラメンコは迫力満点！

豊満なおねえちゃんペアも軽やかなステップ

熱気ムンムンの中、彼女が「オゥイ！　オゥア！」と歌いながら煽《あお》ると、みなの声が「オゥイ！　オゥア！」と揃う。体を揺らしてリズムを取りつつ、私も一緒に「オゥイ！　オゥア！」と歌ってみると、一体感がハンパない！

曲が終わり、割れんばかりの拍手に店内が包まれると、客として座っていた大木のようなビッグサイズの兄ちゃんが立ち上がり、うやうやしく湯婆婆の手を取った。次の瞬間、その大柄な兄ちゃんと湯婆婆は、ペアになることが運命だったかのような自然さで踊り始めたではないか。

え、この兄ちゃん踊れんの!?　と面食らっていると、兄ちゃんのダンスの、まぁ軽やかなこと！　湯婆婆に負けず劣らずの足さばきで動きにキレがあり、湯婆婆をまわすときのエスコートも見事で、文句なしのテクニシャンだ。

いつのまにか歌い手はダンディなおっちゃんに変わっていて、絞り出すような声で歌いながらも、ときどき効かせるコブシが渋い。フラメンコは、魂の叫びを感じるというか、歌い手の存在そのものに迫力があって、そこが実にカッコいいのだ。

2曲目が終わると、拍手喝采の中、今度はさっきの兄ちゃんをさらに上回る大柄なおっちゃんと、超ミニワンピのふくよかなおばちゃんが、小気味よく踊り始めた。豊満ボディペアの、見た目とはギャップがありすぎる、血湧き肉躍る華麗なダンス。何より、水を得た魚の

湯婆婆＆兄ちゃんの華麗なダンス。湯婆婆のノーブラドレスにドキドキ！

ように踊るふたりの楽しげな姿と言ったら、ホレボレするほどだ。

ひとつの曲が終わり、新たな曲が始まると、ものすごく自然な形で次に踊る人が出てくるのだが、次から次へ登場する素人ダンサーの踊りに、心の底から感服してしまう。縁あってここに居合わせた者同士が繰り広げる、一夜限りのパフォーマンス。それぞれの生き様が滲《にじ》んでいるようなダンスを披露する、フラメンコ好きの素人たち。踊る順番も決まっておらず、すべてがそのときのノリなので、本当に、同じダンスは二度とないことを思い知らされる。

さっきのタブラオで見たプロのステージも本当に素晴らしかったものの、好みでいうと、断トツでこちらのパフォーマンスの方が好きだった。張りつめた緊張感も、ジプシーっぽさもないけれど、踊っている人たちが全身で踊りを満喫している姿がたまらず、いくらでも見ていられる。なんというか、どの人のダンスも「私は私の人生をゆく！」という決意表明みたいで、個性あふるる踊りっぷりが最高に魅力的なのだ。

ノンストップで続く歌&ダンスに見惚れていると、あっという間に深夜2時を過ぎていた。トイレから帰ってくると、トイレに行く前にカウンターの端っこにキープのつもりで置いたビールグラスが下げられてしまっている。ちぇっ、あと数センチは残ってたのにそろそろ帰る潮時ってことかなぁ……と思っていると、ビールが満タンに注がれたグラスがすっと置かれた。

「あれ？　頼んでないよ？」と言うと、〝アンダルシアの夏木マリ〟がニカッと笑って自分を指し、身振り手振りで言う。

「このビールは、私からのおごりだよ」

「え？　ホント!?　グラシアス！（ありがとう！）」

クールで素敵な姐さんからの粋な計らいに、飛び上がらんばかりに舞い上がってしまう。

店内には、地元の顔なじみを中心に世界中の旅行者が集っているものの、アジア人は私ひとりだったせいだろうか。ゴチになったビールを有難く頂くことにし、「乾杯《サルー》！」とグラスを上げると、マリが聞いてくる。

「どっから来たんだい？　ハポン？」

「うん！　日本から、この店のフラメンコを見に！」と言うと、マリが肩を上げて言う。

「こんなバル、世界にひとつしかないからね、楽しんでっておくれ！」

せっかくカウンターまで出て来たので、私は席には戻らず、フロアで踊っている人たちの写真を撮りまくることにした。さっきのタブラオでは写真撮影が禁止だったものの、このバルでは写真も映像も撮り放題だったからだ。フラメンコ中のおしゃべりも自由なら、入場料もチャージもないから出入りも自由。堅苦しい決まりが何もないから、このバルではのびのび過ごすことができる。

フロアを見ると、今度はふっくらちゃん&スリムちゃんという女子ペアが、メリハリのある軽やかなステップを踏んでいる。男女ペアで踊るという決まりもないらしく、なんかもう、全てが自由だなぁ!

誰でも踊ることができるこのバルは、年齢も肩書きも性別も体重もまったく関係ない、本当にフラットな世界だった。飛び入りで踊る人も楽しそうなら、演奏する人も見ている人も楽しそうで、どの人も心の底からフラメンコを愛していることが伝わってくる。ここにあるのは、ただ、「ここに居合わせた者同士、今日という日を楽しもう!」という純粋な思いだけだ。

いつしか狭い店内にゆうに100人を超えるお客があふれ、入口のドアは開きっぱなしになっている。入口周辺は人であふれていて、真夜中だということが信じられないぐらいの熱気だ。365日、フラメンコ好きが夜な夜な集い、深夜0時から人生を謳歌できるバルが存在しているとは!

セビリアのフラメンコな夜が、とてつもなくにぎやかに更けていく。

世界にひとつしかないフラメンコバルでは、今宵も人々がそれぞれの人生のダンスを踊り続けている。日々のあわただしさにかまけて、ときどき忘れてしまいそうになるけれど、人はみんな、生きることを楽しむために生まれてきたのだ。

フランス★キャプダグド
「ヌーディストの聖地」で〝真っ裸〟デビュー♪

（今日はいよいよ、ヌーディスト・デビューだ！）

朝、緊張のあまり、目覚ましが鳴る前にガバッと飛び起きた。

ここは、セビリアから列車を乗り継いでやって来た南仏の町、アグドのホテル。パリやルルドにも立ち寄ったものの、元々フランスでのミッションは「ヌーディスト・ビーチで真っ裸になること！」。今日はこれから、〝ヌーディスト・ビーチの聖地〟と称されるキャプダグドに向かう予定なのだ。

欧米各地にヌーディスト・ビーチなる場所は千ヵ所以上ある中、なぜキャプダグドが〝聖地〟と言われるかというと、なんとこの地では、ビーチだけでなく、全裸のまま買い物したりレストランにも行けてしまうというのだ。昨夜はそのキャプダグドに泊まろうと思っていたものの、ネット検索してみると凄まじい人気で、どのホテルも超がつくほど値が張るうえ全室満室。やむを得ず、すぐ近くの町、アグドに泊まったというワケだ。

思えば、ティーンの頃「欧米には、大人が全裸で過ごす、楽園のようなビーチが存在して

流しの音楽家&歌手の名コンビ

南仏アグドの陽気なおねえさん

長〜いバカンス中の仲良し家族

いるらしい」というトンデモ情報を知って以来、私にとってヌーディスト・ビーチは、まさに背徳の香り漂うアンモラルな場所というイメージ。（この世にそんな場所があるなんて……）と心のどこかで気になりつつも、自分とは一生無縁だと思っていた。

ところが、欧州に旅立つ前、突然、雷に打たれたような感じで「ヌーディスト・ビーチで真っ裸になる！」というミッションがひらめいたのだ。日本人としての常識に縛られた人生はもう十分やったし、心の欲するままに生きたいと思って会社を辞めた私にとって、ちょうどうってつけの場所ではないかと。

考えてみたら、生まれてくるときも裸なら、死ぬときだって裸。一日のほとんどの時間は服を着ているから忘れてしまいそうになるけれど、人間はそもそも裸の生き物なのだ。いくら着飾ったところで、人間は結局、裸なのだ。何のてらいもなく人前ですっぽんぽんになれたなら、過剰な自意識や裸体への羞恥心から解放されて、私の中で何かが変わるような気がする。

よーし、こうなったら脱ぐぞ！　脱いで脱いで脱ぎまくるぞ！　ここからキャプダグドまではバスで20分だというから、魅惑のビーチはもう目と鼻の先なのだ。

念のため、スマホで「キャプダグド」を検索してみると、「ヌーディスト・エリアに入るにはパスポートが必要」と書かれたサイトを見つけた。ハダカになるのに、な、なぜパスポートが!?

頭に「?」を浮かべつつ、画像検索をしてみると、なぬー!? ビーチで解放的に過ごす白人たちの全裸写真を見ると、男も女もアンダーヘア処理をしていて無毛のつるっつる、いわゆる〝ハイジニーナ〟状態。中には脇毛のない男もチラホラいて、どうやらお手入れは陰毛だけにとどまらないようなのだ。体臭の強い白人は全身の毛を剃《そ》る人が増えつつあると聞くけれど、その流れがヌーディスト・ビーチまで押し寄せていたとは!

うーむ、かくなるうえは、私もアソコを全剃りすべきなんだろうか……。でも、シェーバーで陰毛処理すると、後で伸びてきたときにチクチクしてムズ痒くなるんだよなぁ。ま、とにかく様子をみてからにしようと思い、まずは現地に行ってみることにした。

ローカルバスに揺られ、終点で降りると、『ビレッジ・ナチュリスト』という看板が掲げられた受付所があり、ゲートには長蛇の列ができている。なんなんだ、この、アミューズメントパーク感は。ここは裸のテーマパークなのか!?

だが、列に並んでいるうちに、パスポートが必要だという理由が分かってきた。ここはフツーの、無料で一般開放されているヌーディスト・ビーチではなく、会員制のヌーディスト・リゾートのような場所だったのだ。

料金表を見ると、入場料は1日2千円程度とリーズナブルだったし、管理会社が運営していることが分かってちょっぴり安心してしまう。身元確認をして入場料を徴収するということは、ヘンな人間を入れないよう、一応ふるいにかけているということなんだろう。

　このエリアの正式名称を訳すと、『ナチュリスト村』。欧米では「ヌーディスト」という呼び名よりも、自然を愛する意味が込められている「ナチュリスト」の方が親しまれているらしい（ちなみに、「ナチュラリスト」だと単なる「自然愛好家」だから、一文字でエラい違いだ）。そして、「ナチュリスト」が行う「ナチュリズム」とは、「全裸でありながら、服を着た状態と同じように過ごすこと」。主に、ビーチや森林、公園等で日光浴を楽しみリラックスする行為で、欧米では100年以上の歴史があるのだという。

　なんにしても、ここに並んでいる老若男女が全員、お金を払ってまで裸になりたい酔狂な人たちなのだと思うと、笑っちゃいけないと思いつつもほくそ笑んでしまう。並んでいる人がみな、手にパスポートを握りしめているせいで、まるで〝ハダカの国〟への入国審査を待っているような光景なのだ。ったく、欧米人、どれだけ脱ぎたいんだよ！　行列の人たちの頭上に、「早く〝ハダカの国〟に入れて、脱がせてくれ！」という見えない吹き出しが透けて見えるようで、おかしくって仕方がない。

　でも待てよ。日本じゃ入浴施設以外で裸になったら公然わいせつ罪で捕まるから、母国では実現不可能なことをするために〝ハダカの国〟に行くのは間違いないのだ。そう考えると、フランスでは合法でも、日本人的には〝イケナイこと〟をやりに行く感がこみ上げ、胸がどっきんどっきんしてくる。

入場料を払ってゲートをくぐると、全体像が分からないものの、とにかく広大なエリアであるらしいことが分かる。どデカい公園に、ホテル、スーパー、高層のマンションや低層のコンドミニアムが何十棟も建っていて、見た目的にはヨーロッパによくある普通のリゾートと何ら変わらない雰囲気。裸になるかどうかは本人の自由であるらしく、入口で服を脱ぐ必要もなかったので、今のところ私はまだ服を着たままの状態だ。

ビーチに向かうべく歩いていると、大きなヨットハーバーがあり、数えきれないほどのヨットが停泊していた。

と、そこで、思わず目がテンになってしまった。

（ぬあああああーー！　いたっ！！！！）

道を歩いている白人のおじさんが、全裸で犬の散歩をしている！

黒い小型犬を連れたおじさんは、手に腕時計をつけ、スポーツサンダルを履いているものの、何も着ておらずアソコもモロ出しで、堂々たる裸体姿。その、見事な脱ぎっぷりに魂が震えるような衝撃を受けた私は、しばしボー然としてしまった。

「裸で犬の散歩」。今まで生きてきた世界では、絶対にあり得ない光景を目の当たりにして、頭がどうにかなってしまいそうになる。欧米のどこにでもいる感じのおじさんが、犬の散歩をしているだけで、何の変哲もない風景なのだ。ただ一点、おじさんが全裸だという点をのぞけば。

我が目を疑う異様なシチュエーションなのに、なんて平和に感じられることだろう！　そして、思いっきりフルチンなのに、ちっともフルチンじゃないみたいに振る舞っている人を見るとアンビリーバボーすぎて、童話の『裸の王様』を思い出し「もしもし、おたく、自分が真っ裸なことに気づいてます？」と一声かけたくなってしまう。

それにしても、犬もおじさんも裸なのに、犬は毛をまとっているせいで、むしろ飼い主のおじさんの方が剝き出しの裸に見える不思議といったらなかった。日本で見かけたら疑う余地もない〝変態なおじさん〟なのに、ペットの犬を連れているということは、間違いなく、エリア内の高額コンドミニアムに長期滞在している〝リッチなおじさん〟なのだ。

ガン見していることがバレないよう気をつけなければと思いつつ、どうしても「裸で犬の散歩」が気になり、おじさんから目が離せなくなってしまう。常識の概念がひっくり返るような非日常を嚙みしめていると、後方でバイクの音がした。はっと振り返ると、バイクにまたがった全裸のおっちゃんがブォォーンと通り過ぎていく。

え、今、真っ裸だった!?　と思う間もなく、そのすぐ後に、スクーターに乗った全裸のお

一瞬、頭がフリーズするも、まじまじと見てしまった〝ハダカの国〟の光景

ばちゃんが続く。もう本当に、ふたりともフツーに「裸でバイク」だったので、笑いと感動がこみ上げてくる。すげ〜、マジで裸で生活してるよ！　これがナチュリスト村かぁ!!

ナチュリズム（裸体主義）を実践する場所だと頭では分かっていても、いざ実際に、明るい太陽の下、全裸でフツーに生活している人を目にすると、なんとも衝撃的だった。

どこが終わりとも分からない広大な敷地を歩くと、ここにはフツーの町にある施設はなんでも揃っていた。スーパーマーケット、ブティック、雑貨店、レストラン、カフェバー、クラブ、銀行、郵便局、テニスコート、キャンプ場……等々、どこでも裸のままで行けるので、いろんな人のいろんなシチュエーションでの裸が目に飛び込んでくる。

ブティックの中をブラブラしている全裸カップルを見ると、（え、今さら服なんか必要？）とツッコミたくなるし、セカンドバッグを小脇に抱え、ＡＴＭでお金を下ろしている小太りの全裸おじさんを目にすると、（後ろ姿の、お尻の割れ目が超可愛いんだけど！）とニヤケてしまうし、全裸でハンドルを握り、真剣な顔でバック駐車しているおばさまを見かけると、（んも〜、裸のクセに真面目な顔しちゃって！）と思ってしまうわで、日常的な空間の中で全裸で過ごしている人を見かける度に、顔では平然を装いつつも、心の中で大笑いしてしまう。本当に、すべてがコントに思えてならないのだ。

しばらく歩くと、コバルトブルー色の海が広がる、美しいビーチが見えてきた。

澄み切った青空の下、浜辺にはカラフルなビーチパラソルの花が咲いていて、一見、フツーのリゾートなのだが、ビーチを歩くと、これでもか！　と言わんばかりの裸祭りだ。

ざっと見、ほぼ全員が白人と思われ、アジア人の姿は皆無。水着姿の人もチラホラいるものの、裸になりたくてわざわざやって来た人たちだけあって、フルヌード率はかなり高い。10頭身レベルのスーパーモデル系もいれば、布袋様《ほていさま》のようなメタボちゃんもいて、ビーチはまさに、ありとあらゆる裸の博覧会になっている。誰もがみな、裸の解放感を楽しんでいるのを見て、小腹ぷっくりの私もひと安心。

さりげなくお股に目をやると、陰毛のある男はちょいちょい見かけるものの、女は大抵つるっつるで、〝パイジ女子〟だらけときてる。むむ、こんなのたかが欧米の流行りだしと思いつつも、ここはやはりエチケットとして剃るべきなんだろうか……。

ええい、まずはごはんがてら酒だ、酒！　こちとら裸体初心者、シラフで脱げるか！

海沿いのこじゃれたレストランに入り、テラス席に座ると、20歳ぐらいの白人のかわいこちゃんがオーダーを取りに来てくれる。お店の人も裸かと思いきや、アイドル顔のおねえちゃんはタンクトップにホットパンツというフツーの格好だった。ナチュリスト村はあくまで、裸でリラックスしたい人が来る場所であって、裸で働きたい人が来る場所ではないらしい。

カシスオレンジを呑みつつまわりに目をやると、店内の裸率は7割程度だろうか。万一、熱い食べ物をこぼすとヤケドするからか、下半身にタオルを巻いたトップレスの人が多いのだが、フルヌードの人はお股がつるつるの人ばかりだ。

酒をグイッと飲み干し、私は決意した。これが〝ヌーディスト道〟の作法なら、人生初の全剃りもいたしかたあるまい。

シェーバーを握りしめトイレに直行し、アンダーヘアを剃りにかかる。だが、トイレにあった手洗い用ソープだとちっとも泡立たず、強引に剃ろうとすると痛いのなんの！　陰毛は他のムダ毛と違って長いので、シェーバーに毛が絡みつくのだ。

思わず毛剃りを放棄したくなるが、もし私が剃らずに表を歩くと、欧米人たちから（アジア女はアンダーヘアの手入れもできないんだな）などと鼻で笑われ、アジアは欧米より劣っているというレッテルを貼られるんじゃ……という懸念がフツフツとこみ上げてくる。私が毛剃りを怠ったことが、欧州人のアジア蔑視に繋がるかもしれないと思うと、これは立派な国際問題ではないか！　ぐだぐだ考えず、何が何でも剃らねば！

ヌーディスト・ビーチの聖地にあって、私は今や、日本のみならず、アジアをしょって立つ女。欧米の流行が、常に世界のスタンダードになりがちなのが癪《しゃく》に障るものの、「郷に入れば郷に従え」なのだ。

洋式トイレの座部に下半身裸でまたがり、必死に毛づくろいしていると、優雅なリゾートにあってこんな格好で陰毛と格闘する羽目になっている自分が、ほとほと情けなくなってくる。私はまるで、明治の初頭、欧米視察前にちょんまげを切り、洋装させられたサムライにでもなったような気分だった。

くっそ〜、西洋のモノを何でも真似すりゃいいってモンじゃないぞ。つーか、人工的に無毛のつるつるにするなんて、ちっともナチュラルじゃないし、逆に不自然だっての！　ありのままのボーボーの方が、よっぽどナチュラルじゃん？　うぬぬ〜、ナチュリストの皮を被ったアンナチュリストたちめ〜!!

ぶうたれつつもなんとか全毛を剃り終え、生まれて初めてつるっつるになった私は、パンツをはこうと思ってハッとした。アレ？　私、ナニ服を着ようとしてんだ？　どうせこれから脱ぐんだから、このまま真っ裸になれば一石二鳥じゃん？

意を決した私は、Tシャツを脱ぎ、ブラを外しにかかった。そうして、トイレの中で真っ裸になると、脱いだ服を畳み、深〜く深呼吸した。このドアの向こうには、今まで足を踏み入れたことがない、別世界が待っている。この扉を開けたとき、それが私のヌーディスト・デビューなのだ。

ええいままよ！　ここまで来たんだから、もう、出るっきゃない!!

一世一代の覚悟でドアを開ける。真っ裸でサンダルだけ履いた姿でレストランの中を歩くという行為にメチャメチャ動揺しつつも、ナチュリストのたしなみとは「全裸であ、、りな、、が、、ら、、、服を着た状態と同じように過ごすこと」。いつも通り振る舞わないことには、こんなところまで来たくせに裸をハズカシがっているみたいで、悪目立《わるめだ》ちしてしまうに違いないのだ。

穴があったら入りたい気持ちをぐっと押し殺し、猫背にならぬよう胸を張り、自分の席を目指す。いつも通りにしようと思っても、自分がすっぽんぽんであることを意識せずにはおれず、どうしても体の動きがぎこちなくなる。ていうか、思いっきり全裸なのに少しも全裸じゃないみたいに振る舞うなんて、難易度高すぎるわ！　あぁ、自ら進んでこの地にやって来たというのに、なんなんだこの、ひとり〝罰ゲーム〟感は‼

おそるおそる、まわりを見るでもなく見ると、みな一様に素知らぬ顔で、誰も私が裸になったことに気づいていないみたいだった。つーか、このシカトぶり、絶対、不自然だよね？　フツー、トイレに入った人間がいきなり真っ裸になって出てきたら、めっちゃ気になんない⁉　店内の客たち、ドッキリ番組に雇われたエキストラ顔負けの演技なんじゃん⁉

なんとか席にたどり着くと、ウェイトレスの可愛いおねえちゃんがパスタを運んできてくれる。

「センキュー」「エンジョイ！」

なんてことないフツーの会話だというのに、服を着ている人と全裸で話す気恥ずかしさと言ったらなかった。それなのに、おねえちゃんの表情は微動だにせず、私が裸になったことにすら気づいていないような振る舞いなのだ。

私は心の中で叫んでいた。ね！　ね！　本当は、さっきまで服を着ていた私が、全裸にチェンジしたことに気づいたよね？　心の中じゃ（あ、このアジア人、今トイレで脱いできたんだな〜）って思ったよね⁇

相手が全裸であっても、あたかも全裸じゃないように振る舞う「ヌーディスト道」。ヌーディスト・ビーチは、みんなで壮大な〝裸の王様ごっこ〟をしているような場所だったのか！

いざパスタを食べようと思い、目を下にやると、な、なんだこの、ヘンな感じは⁉　いつも食事するときには絶対ないモノがそこにあるために、とてつもない違和感がある。皿を見ようとして下を向くと、普段なら服で隠れている自分の乳があらわになっているせいで、ひどく落ち着かないのだ。

お風呂タイムには当然そこにあるべきモノでも、食事タイムに目に入ると、乳首丸出しの無防備状態であることをメチャメチャ意識させられてしまい、気が散って食事に集中できない。下を向き、皿に目をやる度に、どうしてもふたつのお椀&乳首がセットで視界に入り、しかもその奥にはつるつるのハイジになったオマタまで控えているという、いまだかつて見たことのない景色なのだ。

真っ裸での食事が、こんなにもくつろげないものだとは……。「ヌーディスト・ビーチを俯瞰《ふかん》する」といったマクロな視点だけでなく、「食事中の自分の裸」というミクロな視点でも、ナチュリズムは私にとって、相当ナチュラルじゃない感じだった。

そうは言っても、せっかく来たんだから、なんとしても楽しまねば！　腹を決め、食後、真っ裸でビーチへ向かう。

白い砂浜を歩くと、信じられない数の全裸がドドーンと目の前に広がり、それが何百メートルも延々続いていた。ビーチでくつろいでいる人がゆうに数百はいるだろうか、とにかくどこもかしこも、裸、裸、裸の嵐だ。

はぁ～っ、世界にはこんな景色もあるんだなぁ。なんだか現実離れした光景すぎて、頭をこん棒で殴られたような衝撃を受けてしまう。この世にこんなにもお気楽でノーテンキな場所があるなんて……。今まで常識に縛られて生きてきたのがアホくさく思えちゃうじゃん！

ビーチでは、白人の全裸ファミリーが、ドイツ発祥のバドミントンの親戚みたいな遊び、スピードミントンをやっている。上品で優しそうな全裸の金髪おばあちゃんと、孫とおぼしき10歳くらいの全裸の少年が、楽しそうにシャトルボールを打ち合っているという、なんとも牧歌的な光景だ。おばあちゃんは、ぷっくりのお腹も、おへそ近くまで垂れたおっぱいも、

テラス席もトップレス率高し

敷地内の店で働くかわいこちゃん

色鮮やかなパラソルの花が咲くヌーディスト・ビーチ

ちっとも気にしちゃなかった。一方の男の子も、そろそろ思春期な年頃だというのに、家族の前でチンブラしててもおかまいなしなのだ。

「アハハ！」「ハハハ！」「あ〜、飛ばしすぎちゃった〜！」

波打ち際で、真っ裸で戯れるおばあちゃんと孫。そんなふたりの姿を温かく見守る、全裸の両親&銀髪のおじいちゃん。〝ハダカの楽園〟で幸せそうに過ごす全裸3世代ファミリーを見ていると、この家族はバカンス前にいったいどんな会話を交わしたんだろう？　と妄想せずにはいられなかった。

夫「なぁ、今年の夏は家族水入らずで、ヌーディスト・リゾートに行くか！」

妻「いいわね！　子どもたちも喜ぶわ〜。せっかくだし、お義父さんとお義母さんも誘いましょうよ」

夫「おお、父さんも母さんも喜ぶぞぉ。なんたって、オレに裸で過ごす素晴らしさを教えてくれたのは両親だからな！」

みたいな家族ドラマが繰り広げられたんだろうか。まぁどんな会話が交わされたにせよ、3世代揃うということは家族の伝統行事だから、子どもの頃から全裸主義《ナチュリズム》の英才教育を受けてきた人たちであることは間違いないのだ。

ヌーディスト・ビーチに来るのは、血気盛んな若者がメインだろうと想像していたものの、若い人は意外に少なく、メイン層は人生に余裕がありそうな40〜60代の熟年夫婦だった。おおまかには、夫婦やカップルが6割、家族連れが3割、ひとりで来ている人が1割ぐらいだろうか。

だが、どこを見渡しても人種的には白人ばかりで、アジア人とて私ひとりしか見当たらないのだ。ヨーロッパの町には普通なら、黒人もいれば、中国系や韓国、東南アジア等いろんなアジア人もいるから、こんなシチュエーションは本当に初めてのこと。

「ボンジュール！」「ハ〜イ！」「コンニチワ」「ニイハオ〜」と陽気に声をかけてくれるメンズがいるのも、アジア人が珍しいせいなんだろう。裸のフルチン男に挨拶される度に、私は口角を上げて欧米風ににっこりし、「ハーイ」と余裕で微笑み返した。

白人に満ちたアウェー感満載のリゾートにあって、私は日本人として恥ずかしくない脱ぎっぷりを心掛け、アジアの誇りにかけて臆《おく》せずに振る舞った。こんなところまで来てハズカシがっている場合ではないから堂々とするしかないのだが、なんというか、「世界ヌーディスト大会」に参加した〝全アジア人の代表〟になったような気分、といえばいいだろうか。

この、人前で裸になる非日常感！「人前」というか、ヌーディスト・ビーチの気恥ずかしさは、「異性の前で裸になる非日常感」だと言ってもいい。銭湯好きの私は、同性の前で裸になるのは慣れているものの、見知らぬ殿方たちの前で一糸まとわぬ姿をさらすなんてこと、日常ではあり得ないことなのだ。

とにかく、至るところにフルチン男が点在しているので、否応なくいろんな〝ムスコ〟が目に入ってくる。さすが白人のナニはデカめだなぁと思うも、アソコがつるつるの〝ハイジ男子〟はブツが根元からあらわになっているせいで、いっそう大きく見える。しかも、毛がないせいで、そのフォルムがハッキリ見えること！

ここに来て、まだ2時間あまり。今までの人生で見た、男のチンブラなんて数えるほどなのに、何百という男根を目の当たりにしたことだろう。初めはぎょぎょっとしたものの、がっつり包茎からハードな性器ピアス付きの変わり種まで幾多のパターンを見尽くすと、だんだん感覚が麻痺してきて、もはやなんとも思わなくなってきた。みんな、太陽の下で気持ちよく、ちんこをも日光浴させている、平和的な紳士たちなのだ。

せっかくだし、泳ぐとするか。

青空の下、ゴーグルを着けて海に入り、泳いでみると、うおおぉぉー、解放感がハンパない！　裸で泳ぐのって、なんて気持ちがいいんだろう。全裸で泳ぐと、何の隔たりもなく直に水に触れている感があって、全身がとびきりの快感で包まれる。

深く潜ってみると、透明感のある海流がさらさらと素肌を撫でていく。太陽光ゆらめく海底を泳ぐと、気分はすっかり人魚だった。銭湯とは一味違う、この、格別の心地よさはなんなんだ！　海で泳ぐと手足を動かすからだろうか、全身に水の抵抗を受けるせいで皮膚感覚が増し、いっそう裸感があるのかもしれなかった。

一糸まとわず泳ぐエクスタシー。泳げば泳ぐほど、体と心が解き放たれ、まるで海と同化したような気分になる。あぁ、今までの私は、いかに水着に拘束されてきたことだろう。胸と股間になんにもないと、自由度がまるっきり違うのだ。真っ裸は水着の百倍どころか、千倍、いや、1万倍ぐらいの解放感で、ケタ外れの自由度だった。あの、薄〜いたった1枚があるかないかが、これほど大違いだったとは……。

一度この爽快感を知ってしまうと、もう二度と、あんな窮屈な水着に体を押し込めたくない！　というのが素直な本音だった。真っ裸になった今となっては、水着なんて単なるボンテージ衣装だと思えるほどだ。

青空の下、波に身をまかせ、ゆ〜らゆらと漂う。浜辺は混んでいるものの、海に入るとまわりに誰もおらず、気持ち的には貸し切り状態。人々が寝転がっているビーチを遠くに見つつ、私は心の底から〝全裸遊泳〟を楽しんでいた。

いやぁ〜、まさか自分がヌーディストになる日が来るとはなぁ！　この旅に出るまでは、私の人生に限って人前で真っ裸になるなんて絶対あり得ないと思っていたけれど、「この世に絶対などない」ということ。自分で自分の限界を決めさえしなければ、〝ザ・日本人〟な私がヌーディスト・デビューするようなこともあり得るのだ。

全裸遊泳を満喫して浜辺に戻ると、黒いグラサン姿の白人のにいちゃんが陽気に声をかけてくる。

「ハーイ、アジアから来るなんて珍しいわね」

「日本にはこんなビーチないから、人生で一度は来てみたくて」

私がそう言うと、超マイルドな雰囲気のにいちゃんは、茶目っ気たっぷりに言う。

「あら初めてなの？　じゃあ、シャンパンでお祝いしなきゃね♡　私は彼氏探しよ〜」

イタリアから来たというにいちゃんは、女性に興味がなさそうな人だったので、胸を撫で下ろす。ひとりで行動していると〝相手探し〟をしていると思われて、ナンパされたりしたら面倒だなぁと思っていたからだ。

にいちゃんは、上半身は裸に長袖シャツを羽織っているものの、下半身はフルチン。そして、なぜか足元はスポーツシューズで、ご丁寧に靴下まで履いているという、世にもアンバランスな格好だった。どうしたらこんなヘンテコな装いになるんだろう？　人妻と行為に及ぼうとしたら突然旦那が帰ってきちゃったので慌ててベランダから逃げた間男、という設定ぐらいしか思いつかん身なりではないか。

まぁそうは言ってもここはフリーダムな場所、あえてそこには触れず私は言った。

「でも、思ってたよりも家族連れが多いし、ラブ&ピースな雰囲気だよねぇ」

「こっち側はファミリーゾーンだからね。向こうのディープなエリアには行った？」

「え、ディープなエリア？　なにそれ⁇」と目を見開くと、にいちゃんは飄々と言う。

「この先には、全く違う世界があるの。これから行くところだから、ついてらっしゃいよ」

にいちゃんがそう言って歩き出したので、私も行ってみることにした。

しばらく歩き続けると、今までのファミリー的な、のほほーんとした雰囲気がなくなり、男女ペアばかりのカップルゾーンになっていく。やたらとイチャついてる男女が増えてきたなぁと思ったら、うわわわわわ、人目をはばからず堂々と性行為に及んでるカップルがいる！　他人の性行為、初めてナマで見ちゃったよー！

刺激的な光景に目まいを感じつつずんずん歩くと、いつのまにか、これは現実なのか⁉と目を疑うような、酒池肉林なセクシーゾーンに突入していた。見渡す限り、ビーチがすべて、プロレスの試合中みたいな全裸男女で埋まっているではないか！

それはじつに「セックスだよ、全員集合！」とでも言うべき、センセーショナルでスペクタクルな情景だった。みな、何かしらの性行為に及んでいるせいで、AVの企画モノ（しかも欧州合作の超大作！）の撮影中としか思えない、ただならぬシュールな光景なのだ。さらに歩くと、そこはゲイカップルやレズビアンカップルの同性愛ゾーンで、見慣れない合体姿に目がテンになってしまう。しょえ〜、人生で初めて、男同士のカラミを見ちゃったよー!!

驚きのあまりアゴが外れそうになっている私をよそに、青空の下、セクシャルな行為に及んでいる人たちはみな血色もよく、すこぶる健康的で、とにかくノリッノリだった。たとえるなら、居酒屋で和気あいあいムードで〝食欲〟を謳歌している人たちと何ら変わらないノリで〝性欲〟を謳歌している感じなのだ。

はあ〜っ。ここまで開けっぴろげだと、逆に卑猥なエロさは1ミリもないなぁと感心してしまう。ここにいる人たちはみな、セックスする気満々で来ている人たちであって、「こんなこと人前でしちゃって恥ずかしい！」的なノリが全くない、まさに「カモォォーン！」な世界なのだ。思うに、単に裸になりたいだけなら無人島に行けばいいわけだし、わざわざ人前で行為に及ぶということは、一種のエンタメなんだろう。

このヌーディスト・リゾートにやって来る人を大きく分けると、「裸での解放感を楽しみたい人」と「裸での交流を楽しみたい人」の2種類だったのだということ。ビーチに仕切りがあるワケではないものの、暗黙の了解でそれぞれの目的別にゾーンが分かれ、きちんと棲み分けがなされていたのだ。

今までのセックスに対する概念が、一瞬にしてブッ飛ぶ。〝秘め事〟と表現するだけあって、暗めの室内で二人っきりで営むモノだとばかり思っていた私は、想像の域をはるかに超える光景にポカーンとなってしまう。信じがたい〝合体祭り〟に衝撃を受けつつも、ある意味、平和だなぁ～と思わずにはいられなかった。実際、自由意志のもとに集まった人々が、心からリラックスしてひたすら性行為《メイクラブ》するなんて、平和な場所じゃないとできないことだろう。

私は、前にネットで見た、ジョン・レノンとオノ・ヨーコの〝ベッド・イン〟を思い出していた。国際結婚がまだまだ珍しかった時代、ベトナム戦争の最中に結婚したふたりは、ハネムーン先のホテルのベッド上でマスコミ取材を受け、「戦争する代わりにベッドで過ごそう！」とアピールし、反戦活動をしていたのだ。

その頃、ジョンとヨーコが共作したアルバム『Two Virgins』のジャケットは、なんと、ふたりの全裸写真！　まるで、人類最初の夫婦〝アダムとイブ〟のような立ち姿で、ジョンはチンチン&陰毛丸出し、ヨーコも乳首&陰毛丸出しのスッポンポン。当時のふたりは、愛し合うことで平和を訴える、〝ラブ&ピース〟なパフォーマンスを展開していたのだ。

ジャケ写を見たとき、「こんなに有名な夫婦が真っ裸に！」と衝撃を受けたものだったけれど、どんな人も裸ん坊になってしまえば、結局同じところに同じモノが付いているだけで、世界中みんな同じなんだなぁとしみじみしたことを思う。ジョン&ヨーコにしても、ここにいる人たちにしても、正真正銘の丸腰で武器など持たず、愛し合っているだけなのだから、テロや戦争をもくろむような人たちとは比べようがないぐらい平和な人たちなのだ。

少し離れた場所に腰をおろし、ディープなビーチを眺めていると、にいちゃんがニコニコ顔で言う。

「あっちとは、客層も雰囲気も全く違うでしょ？」

「いや〜、スゴいねぇ。人の裸をジロジロ見ないのがナチュリストのエチケットだと思ってたけど、これってやっぱり、互いの行為を見せ合ってるよね？」

「ごはんを、ひとりで食べるのもふたりで食べるのもいいけど、たまには大勢で食べるのも楽しいでしょ？　それと同じノリよ。ふふっ、後ろを見てみて。アジア人は珍しいから、あなたも今、ものすご〜く見られてるわよ」

にいちゃんはそう言ってウインクすると、後方に目配せした。後ろに目をやると、小さな丘があり、全裸の男が3人、バラバラにしゃがんでいて、なんと私を見ながらセルフプレジャー（オナニー）の真っ最中ではないか！　にいちゃんではなく、本当の本当に私を見ているのか!?　と思い、腰を少し上げてカニ歩きで横に数メートル動いてみると、3人揃って風見鶏のように私のいる方向に体を動かす。しかも、しゃがんだまま、手コキを一切止めることなく！

んも〜、これ以上ないくらい、思っきしガン見してんじゃん！　アジア人は珍しいから目立つにしても、そんなのは一瞬のことでどうせ誰も見ていないだろうし、とタカをくっていたのだが、私はめちゃめちゃガッツリ見られていたのだ。

　私が彼らの裸体を〝珍しいモノ見たさ〟から見ていたのと同じように、私も彼らに見られていたのだということ。今まで〝アジア代表のヌーディスト〟として毅然と振る舞っていたのに、好奇のエロ目線で見られていたとは……。いくら胴長短足だからって、こちとら見世物じゃねーんだぞっ！

　おえええ〜っと思って逃げ出したくなるも、自分を〝おかず〟にしている男たちのセルフプレジャー姿をナマで見るなんてトリッキーなこと、人生最初で最後に違いない、と必死に思い返す。

　よーし、そっちがそういう態度なら、こっちにも考えがある！　エリア内での写真撮影は基本NGなのだが、私は3人をスマホで撮ることにした。彼らがあまりにも無遠慮なので、そのマヌケ面をツイッターで世界中に発信するぞ！　と脅してやろうと思ったのだ。

　だが、私がスマホを向けても、3人はちっとも悪びれることなく、いけしゃあしゃあとシコり続けている。しかも、カメラのアングルを変えるべく左右に動く度に、3人はしゃがんだままシコりつつヨチヨチ動き、私が動いた先に向き直る始末。あんたら、カルガモ親子か！　ったく、なんてふてぶてしいセルフプレジャー・トリオなんだ‼

「私、そろそろ向こうに戻るわ。ありがとうね」

にいちゃんにそう言い、踵《きびす》を返す。〝オトナの社会見学〟はもうみっちりし終えたし、私は居心地のよかったファミリーゾーンに戻りたくなったのだ。

早足で歩きつつ、私は懸命に自分に言い聞かせていた。キリスト教圏でも儒教圏でもアフリカ圏でも、女の性欲は罪や恥とされてきた歴史を思うと、庶民が性を謳歌できるようになったのはごく最近のこと。さっきの光景からすると信じられない話だけど、19世紀の欧州でも女の性的快楽は禁止され、クリトリスの切除が一般的に行われていたのだ。女性もこんなふうに性を謳歌できるようになって、こんなにも自由で安全なリゾートが存在するようになったこと自体、社会が成熟した証だろう。

ようやく元のファミリーゾーンに戻ってきた私は、クレージーな夢から覚めたような気持ちでまわりを見渡した。すぐそこの砂浜では、豊満ボディの奥さんとひょろりとしたダンナさんという凸凹《デコボコ》夫婦が、お互いの体にオイルを塗り合っていて微笑ましいこと。あぁ〜、私はやっぱりこっちの世界が好きだなぁ！

目の前には、大きな岩に仲良く腰かけている、白人のシニア夫婦のフルヌード姿があった。金髪のおばあちゃん&銀髪のおじいちゃんは肩を並べ、寄り添うように海を眺めている。ここが日本なら、縁側で腰かけているような風情のおしどり夫婦が真っ裸になっている後ろ姿を見ると、そのフォルムが胸きゅんすぎて悶絶《もんぜつ》してしまう。なんというか、お年を召した夫婦のヌードには、ふたりの歩んできた年月が刻まれているような情緒が感じられて、しみじみとした味わいがあったのだ。

しばらくビーチでまったりし、気がつくと、ナチュリスト村に来て7時間が経過していた。もう真っ裸体験は十分な気持ちだったので、シャワーを浴びて服を着て、ゲートに向かう。ナチュリスト村から出て伸びをすると、体中に達成感がみなぎっていて、なんとも晴れ晴れとした気持ちだった。ふふっ、たかが裸になっただけなのに自分的には大冒険だったなぁなんて思いつつ、バス停でバスを待つ。道ゆく人は、当たり前のことだけど、どこもかしこも服を着た人ばかりだ。

ちぇっ、みんな服で武装しちゃってつまんないの〜。たった7時間の滞在だったというのに、服を着ている人を見ると、どこか味気なく感じてしまう自分がいるではないか。ラフな格好のカップルが歩いているのを見ても、（そんなペラペラな服、いっそ脱いじゃえばいいのに！）と心の中でツッコんでしまうのだ。

7時間前、裸で生活する人たちの姿が「嘘でしょ!?」と思うほど異様な光景に見えたことを考えると、信じられない心の変化だった。溶け込んでいるつもりなんてまったくなかったのに、ハマる気なんてサラサラなかったのに、今となってはチンブラですら懐かしかった。

どこを見ても、誰もが当然のようにスッポンポンで、みんな脱いじゃえば同じ人間なんだなぁと思えた、ナチュリスト村で過ごした時間よ……。

この地を再訪しない限り、もう二度と見られない裸祭りを反芻し、ちょっぴりセンチな気分になっていると、熟年の白人カップルに声をかけられた。

「ハァ〜イ！」「もう帰るのかい？」

ん？　こんなところに知り合いなんていたっけ？　え〜っとえ〜っと？　ああ！　ビーチで寝転がっていたときに、全裸で会話したドイツ人夫婦ではないか。私は彼らのことを裸のフォルムで記憶していたので、服を着た姿のふたりが一瞬、誰だか分からなかったのだ。

「うわ、さっきと違って服を着てたから、誰だか分からなかったよ！」

「アハハ！　じゃあ、脱げば私って分かるかしら？」と陽気な奥さんがシャツを脱ぐフリをしてみせたので、「じゃあ私も！」と私もTシャツを脱ぐマネをしてみせ、お互い大笑い。

「ヌーディスト・ビーチに来た記念に、一緒に写真を撮ってもいいかな？」と聞いてみる。

「もちろん！　あらでも、ヌードじゃなくていいの？」と奥さんが笑いながら言う。

「日本に帰ってから、人にヌード写真なんか見せられないから、ちょうどいいよ〜」

ナチュリスト村のガードマンの兄ちゃんにカメラを渡し、撮影をお願いする。夫婦の間に割り入らせてもらうと、奥さんのたわわな胸が私の腕に当たってしまった。ぼよよ〜んとしたおっぱいの、おっきくて気持ちのいい感触に、つい反応してしまう。

「うわ、奥さんの胸、ボウリングの玉みたいにでっかいねぇ」と言うと、ご主人が自慢げに言う。

「だろ〜？　触りたかったら、触らせてあげるよ〜」

「ハハッ、奥さんのおっぱい触るの、ダンナさんの許可がいるんだ！」

「愛するワイフのおっぱいは、オレのものだからな！」

私はヒューーッと口笛をふき、「このこの！」とダンナさんの体を押した。一緒にヌーディスト・ビーチに来るような人たちは、仲良しのラブラブカップルが実に多いのだ。

「君は明日も来るかい？　僕らは今日から2週間滞在する予定なんだよ」

「これから2週間、毎日ハダカなの!?　ドイツ人はホント、裸になるのが好きだねぇ。私はもう十分だわ〜」

「ハハハ、そうかい。ドイツは冬が長くて暗いから、僕らは夏の解放感をたっぷり満喫したいんだよ。じゃあ、いい旅をね〜」

お互い、生まれたままの姿で気持ちのいい時間を過ごした者同士、笑顔で手を振り合う。

私は本当に、一生分のヌーディスト体験をした気分だった。たぶん今後、わざわざヌーディスト・ビーチに出向くことはない気がする。それでも、全裸遊泳は最高に気持ちよかった

〝はだか友達〟気分♪ ドイツ人のおしどり夫婦と

から、どこかでこっそりやりたいなぁと思ってハッとした。

全裸で泳ぐのがあんなに爽快なら、全裸で自転車も相当気持ちいいんじゃないか？　私は、前にネットで見た、裸にボディペインティングを施した人が大勢集う『ワールド・ネイキッド・バイク・ライド』なる〝全裸自転車イベント〟を思い出していた。

「自動車をやめて自転車に乗ろう！」というメッセージを掲げたこのエコイベントは、参加者が全裸で自転車に乗って街に繰り出すというもの。毎年、春から夏にかけて、パリ、ロンドン、ブリュッセル等、世界200以上の都市で大々的に行われているというのだ。車の免許を持たず、自転車を愛用している私にとって、うってつけのエコ祭典ではないか。

今すぐではなく、たとえば60歳記念としてなら、やってみたい気もする。還暦とは文字通り「暦が還る」で、言わば「赤ちゃんに戻る」「生まれ直し」のお祝いだから、全身にエコメッセージを塗りたくって新しい人生をスタートさせるのもアリかと思ったのだ。

真っ裸に真っ赤なボディペインティングを施し、体中に風を感じつつ、レンタルサイクルで大都会を駆け抜ける60歳の自分を想像すると、相変わらずおバカで自由だなぁと思って笑えてくる。私にとってその絵ヅラは、赤いちゃんちゃんこを着るよりもずっと、60歳を迎えたことをおめでたく感じられる、待ち遠しい未来だった。

モナコ公国
セレブ気分の海洋療法《タラソテラピー》で、おケツに放水の荒行

（よーし、自分へのご褒美だ！　超リッチなスパで癒されまくるぞ〜）

次に向かった旅先は、世界一ラグジュアリーだと思える国、モナコ公国。南仏のニースでモナコ行きの列車に乗り換えると、車窓には澄み切った地中海が広がっている。右はコバルトブルーの海、左は小高い緑の山々。抜けるような青空から注がれる陽光が、海面をキラキラ照らしている。海沿いのビーチには、色とりどりのパラソルの花が咲いていて、この辺りが、世界に名高い南仏リゾートであるらしい。ビーチで海水浴を楽しむ人たちの姿を眺めつつ、大金持ちが押し寄せるモナコって、いったいどんな国なんだろうと思う。

しばらくすると、地中海にぷっくり突き出た、でっかい岩山が見えてきた。切り立った岩山の上には、オレンジ色の屋根の建物がひしめき、〝天空の国〟のような美しい雰囲気を醸し出している。ニースのすぐ先だというから、あの岩山がモナコに違いない。見た目からして、とびきりの異彩を放っているモナコ。なんてユートピアっぽい雰囲気なんだろう！

リゾート地ならぬ〝リゾート国〟モナコでのミッションは、「セレブ御用達スパでのヒー

リング！」。この3週間で、7ヵ国10都市を駆け抜けてきて、さすがに体はくったくた。旅の中盤のモナコでは、世界最高峰のスパで体を癒そうと思い、この2日間は優雅にのんびり過ごすと決めていたのだ。

スマホ検索すると、世界で2番目に小さな国モナコは、東京ディズニーリゾートとほぼ同じ面積で、人口はたった4万人程度。中でも、〝モナコ国籍を持つモナコ人〟はほんの2割で、残りの8割は「モナコ滞在許可」を取った〝外国籍の億万長者〟だというのだ（メインはイタリア人とフランス人で、イギリス人、アメリカ人、ベルギー人が続く）。

ちなみに、モナコに住むためには住居を買うとなると、3ベッドルームのマンションでも、価格は6億円超！　移住権を得るには「モナコで起業するか」「モナコ企業の従業員になるか」「退職者として移住するか」の3択。「退職者として移住」する場合、現地の銀行に最低50万ユーロ（約6000万円）預ける必要があるのだが、物価の高いモナコに住むとなると数億じゃ話にならず、資産相場は少なくとも10億円（！）だとか。

にしても、なぜ世界中の富裕層がモナコに住みたがるかというと、小国モナコは税金が殆どかからない、タックスヘイブン（租税回避地《そぜいかいひち》）の国。所得税も住民税も相続税も固定資産税もないので、モナコ国外で収入を得ている富豪がこぞってやって来るのだという。ったく、そんなに金貯め込んでどうすんだ、金持ち！　と心の中で毒づいてしまう。

海辺の風景を眺めるうちに到着したモナコ・モンテカルロ駅は、目がくらむほどキラキラ輝いていて、金持ちの見る夢に入り込んでしまったような空間だった。地下に位置していて駅の灯りが暗めな分、天井の小さな丸い灯りがプラネタリウム風の輝きを放ち、やたらとゴールドな雰囲気。大理石のシンプルな造りなのに、今まで見たどんな駅よりもゴージャスな風情ではないか。

〝国の玄関口〟となるモンテカルロ駅の成金オーラにたじろぎ、この2日間の滞在で旅費を使い果たし、身ぐるみはがされてしまうんじゃないかとビビってしまう。あわててネット検索し、恐ろしく物価の高いモナコの中にあって、最低ランクのホテル（それでも約1万3千円！）を予約できたので、ホッと胸を撫で下ろす。

ホテルにチェックイン後、いざ旧市街へ散策に向かう。中世の趣を感じる旧市街はメンテナンスが行き届いていて、どこを見渡してもゴミひとつ落ちていない。歴史を感じる華麗な建造物やカラフルな建物が品良く並び、通りの花壇には色とりどりの花が咲き誇っている。国のサイズ感も含めて、〝超高級ディズニーランド〟とでも言うべき景観だ。

旧市街の高台にある熱帯公園から、モナコの絶景を眺めると、コバルトブルーの海と美しい街並みが目に飛び込んでくる。な、なんて完璧な大パノラマなんだ……。この高台に来るまでは、〝東洋のモナコ〟と称される日本屈指の温泉郷、熱海の、秘宝館からの眺めとそう大差ないだろうと思っていたものの、悔しいかな、全然違う！　海の色が、建物のゴージャス感が、まるっきり違う！

明るい太陽の日射し、どこまでも続く青い空と地中海、山肌にへばりつくように連なるオレンジ色の建物群、こんもり生い茂る緑、港に停泊している大型クルーザーの数々……。文句の付けようがないエレガントさに圧倒され、言葉を失ってしまう。この国はまさに、〝億万長者たちの楽園〟であるらしい。

展望台で、子連れの白人ファミリーから写真をお願いされたので、「ハーイ、スマ〜イル！」とシャッターを切ってカメラを返すと、奥さんがニコニコ顔で言う。

「よかったら、あなたの写真も撮りましょうか？」

きたっ、〝親切〟返し！　一眼レフのカメラをナナメ掛けしてひとり旅していると、写真を撮るのが上手い人間だと思われてよく撮影をお願いされるのだが、たいてい「(お返しに)あなたの写真も撮りましょうか？」と言われるのだ。せっかくの好意を断るのもと思い、散々撮影してもらってきたものの、正直、〝ひとりピース写真〟はもう十分だったので「一緒に記念写真を撮らせてもらってもいいかな？」と聞いてみる。

「あら、私たちと？　もちろんOKよ！」

早速、高台の柵にカメラを置いてタイマーをセットし、「3、2、1、へ〜イ、スマ〜イ

〝地中海の宝石〟と称される、モナコの華麗な街並み

アメリカ×ロシアの仲良しファミリーと記念撮影

ル！」。撮影後、みなで液晶画面をのぞきこんで確認すると、「お、いい写真だねぇ！」「私たちのカメラでも撮っていい？」という流れになり、またまた撮影タイムになる。

ふふっ、なんか楽しいな。同じ日に同じ場所に居合わせた人と一緒に写真を撮ると記念になるし、自分ひとりのピース写真が増えていくよりも、うんと思い出になる。よーし、これからはこの「一緒に撮りませんか」作戦で、世界中の人と記念写真を撮りまくるぞ！

ニースでバカンスを過ごしていて、モナコに観光に来たという白人夫婦になれそめを聞いてみる。国際結婚カップルのふたりは、ロシア人のダンナさんがアメリカ留学中、アメリカ人の奥さんと恋に落ちたそうで、今はニューヨーク在住なのだという。

「世界がまっぷたつに分かれて、アメリカとソ連が冷戦状態だったことを思うと、時代は変わったねぇ」と私がしみじみ言うと、優しそうなダンナさんが言う。

「本当に！　でも我が家では、今もときどき〝米ソの戦争〟が起きるんだよ〜」

「〝冷たい戦争〟だけじゃなく、活火山みたく〝熱い戦争〟もね」と奥さんが茶目っ気たっぷりに付け加える。なんてトンチの効いた返しだこと！

「でもでも、戦争が終わった後は、仲直りの方も相当熱いんでしょ？」

私が冗談めかして唇を突き出し、チュッチュする真似をしてみせると、ふたりは手を叩き、「アーッハッハ！」と大笑い。半世紀近く対立していた国同士の人たちが、今では平和に家庭を築いている姿を見ると、なんだか胸がほっこりする。こんなふうに世界中がみんな家族になってしまえば、いつか戦争もなくなる気がするなぁ！

ファミリーと手を振り合って別れ、「モナコ大公宮殿」でラッパ&太鼓の演奏と共に行われる〝衛兵交替〟の儀式を見た後、「海洋博物館と水族館」で日本とはひと味違う贅沢な造りの博物館を満喫する。

博物館を後にし、昼下がりの旧市街をブラブラ歩いていると、レストランのテラス席に座っていたTシャツ姿のねえちゃんに声をかけられた。

「ハーイ！　アンタは……日本人だね。ウチの店で一杯呑んでいかな～い？」

「お、日本人ってよく分かったね。じゃ、ビールをお願い」

ちょうどノドが渇いていたのでテラス席に座ると、ねえちゃんが二人分のビールを運んできたので、なぜかねえちゃんと乾杯するハメになる。

「ハハッ、ねえちゃんも呑むんだ」「へへっ、この時間は客もいなくてヒマだしね～」

底抜けに明るいねえちゃんの名前はファルダ。44歳。生粋のモナコっ子なのだという。

「着いて早々、たった8千人しかいないモナコ人と乾杯できるなんて光栄だよ～。ねぇ聞いてもいい？　モナコの警官ってイケメンが多いよね？」

さっきから街で見かける警官が、やたらと男前だなぁと思っていたのだ。

「んっふっふ。やっぱそう思った？　治安がいいのは彼らのおかげだし、制服を着てない私服警官も大勢いるからね。事件が起きたとしても、国境の封鎖まで3分もかかんないのよ」

聞くと、モナコの人口はたった4万人なのに、警官の数は５００人以上。ディズニーランドの面積に警官が５００人って！　国民の80人に1人が警官と言われると、観光大国のモナコがどれだけ治安に力を入れているかが分かる。

「モナコの警官は、みんな身長が１８０㎝以上なんだよ。採用基準も細かく決まってて、身長１８０㎝の場合、体重は70～80キロじゃないとダメなの」

「外見の採用基準があるなんて、モデル並みっていうか、〝国民のアイドル〟みたいだね！」

「私は絶対、顔の善し悪しも採用基準に入ってると思うんだよね～。そう言えば、モナコを旅行してた日本人女性が、警官に道を聞いたのが縁でその警官と結婚して、今じゃモナコの高級住宅地に住んでるって話を聞いたよ」

さすが、8千人ちょいのムラ社会。こういう話がすぐ国中に行き渡るんだなぁ。

「そんなシンデレラストーリーが！　モナコ国籍を取るのって通常は難しいんでしょ？」

ネット情報によると、モナコ国籍を持つモナコ人は優遇されていて、住居手当から仕事の斡旋まで国がとことん面倒をみてくれるので、一生安泰だと書かれていたのだ。

「移住権をゲットして10年住めば、誰でも国籍は取れるよ。ま、移住権をゲットしても、本当には住んでない人も多いんだけどね」

　聞くと、移住者は1年の半分以上モナコに住まなければならない決まりがあるものの、実際には名ばかりの人も多いんだとか。移住者は移住許可証を更新する際、住んでいる証拠として電気代の請求書を提出させられるため、電気を点けっぱなしにする〝エセ移住者〟もいるというから呆れてしまう。ドケチで嘘つきで地球にも優しくないなんて、人として恥ずべき行為で、億万長者たちの器の小さいこと！

「カジノは好き？」と聞かれたので「興味ないんだよ」と言うと、ファルダが言う。

「なら、モナコ人になれるね。モナコ人がカジノに入るのは禁じられてるから」

「モナコ人って、モナコのカジノに入れないんだ！」

　モナコの代名詞であるカジノに、国民が入れないとは……。モナコのカジノは、国民のために作られたのではなく、富裕層の外国人にお金を落とさせるための遊興施設だったのだ。

「ま、なんつっても、モナコ国民になるのに一番手っ取り早いのは、モナコの男と結婚しちゃうことだよ。あんたも気に入った警官がいたら、ナンパしてみれば〜？」

「ハハッ。でも残念なことに、私、そんなにイケメン好きじゃないんだよねぇ」

「お、気が合うじゃないか！　イケメンは見るだけで十分よね。あれがウチの亭主だもん」

　ファルダが、向かいのテラス席に座っている白髪頭のじいさんを指さす。じいさんは昼間つから夕バコ片手にワインをかっくらっていて、人なつっこい笑顔で手を振ってくる。

「え、あのじいさんが!?　嘘でしょ〜!?」

「ホントよ。ああ見えて、夫のカロは49歳で、たった5歳差なんだ」

「なんでカロと結婚したの!?」「1年間、口説かれ続けて、根負けしちゃったんだよねぇ」

ファルダがそう言うと、ワインのボトルを持ったカロが千鳥足で近づいてくる。

「へへ、俺が口説いたんだけど、今じゃファルダも俺にメロメロさ。まぁいいから呑め！」

かなり出来上がっているカロにワインを勧められまくり、私もご相伴にあずかるうち、ヘロヘロに酔っぱらってしまう。気取った高級店ばかりと思いきや、モナコにもこんな下町風のレストランがあるんだなぁと思ってうれしくなる。

陽気なレストランを後にし、ホテルに戻った私は、Tシャツ以外に唯一持ってきた一張羅のチュニックに着替えた。賭け事をする気はなかったものの、カジノの雰囲気だけでも見に行こうと思ったのだ。

日が暮れた頃、モナコのランドマークだという「カジノ・ド・モンテカルロ」に向かうと、大きな噴水を囲むように、花の咲き誇る緑豊かな芝生が広がっていた。その奥には、宮殿のようにゴージャスな建物がドドーンとそびえ立ち、美しいライトアップが施されている。暗闇に浮かび上がるカジノはまばゆいばかりの輝きを放ち、存在感がハンパない。昼間見た実

陽気なファルダと酌み交わす

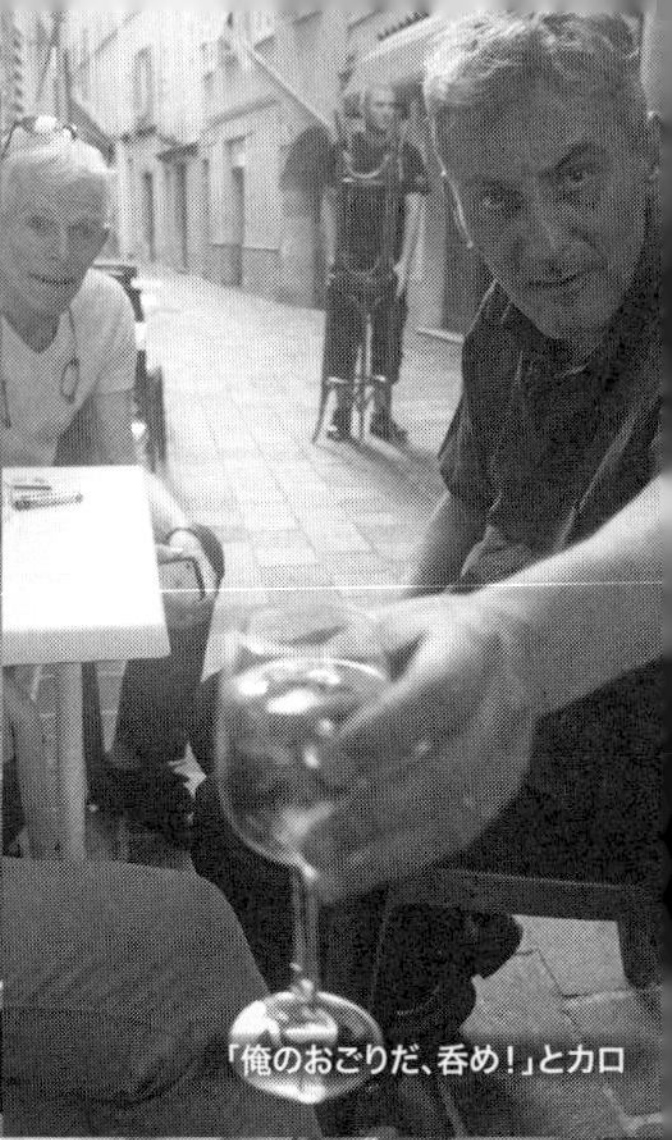

「俺のおごりだ、呑め！」とカロ

ファルダたちと酔っぱらって大ハシャギ

際の「モナコ大公宮殿」よりも、カジノの方が華やかで高級感に満ちているとは！

あまりのインパクトに呆気にとられていると、ロールスロイス等の超高級車で颯爽と乗り付けた盛装の男女が、カジノの中に吸い込まれていく。高級アクセサリーを身に着け、赤やブルーのロングドレスをまとった女性たち。胸元があらわになったドレスからのぞく巨乳は、はち切れそうな風船のようで、豊胸手術で作った隆起としか思えないほど不自然だった。

やれやれ。まるでアカデミー賞の授賞式に向かうような華麗な装いを眺めていると、ペラペラのチュニック姿の自分が、この国に不釣り合いな人間に思えてくる。なんだか、城の舞踏会に招かれなかったシンデレラのような気持ちになってしまうではないか。

踵を返したくなったものの、映画『007《ダブルオーセブン》』にもよく登場する「カジノ・ド・モンテカルロ」は、ヨーロッパを象徴するカジノ。ここで帰るなんてもったいなさすぎる！　と腹を決め、パスポートチェックを済ませて中に入ると、絢爛豪華な世界が目に飛び込んでくる。

優美なシャンデリア、壮観な壁画に天井画、大理石の床も柱もきらびやかで、贅を極めた内装にめまいがする。これでもか！　と言わんばかりのデコラティブな装飾は、一生縁がなさそうな社交界ムードだ。ここから先のカジノスペースに入るには、10ユーロ払う必要があるとのこと。無料スペースでセレブ体験は十分だった私は、とっとと退散することに。

カジノ近くのレストランのテラス席に座り、ビールを呑んでいると、まわりから大きな歓

近未来風デザインの、リッチなモンテカルロ駅

高級車でカジノに来る、ドレスアップした富豪たち

声が上がる。見ると、夜空に大きな花火が上がっていた。赤、黄、緑と、くるくると色を変える花火が、夜空を艶やかに照らし出す。昼のモナコも華やかなのだが、花火やイルミネーションが加わる夜のモナコは、さらにリッチ度が増す気がする。

それにしても、なんて風変わりな国だろう。モナコは歴史があるわりに、何もかもがやたらと人工的で、どこか不自然な感じがするのだ。

カジノに向かう人たちの姿を眺めつつ、お金持ちの人生に思いを馳せる。彼らは果たして幸せなんだろうか……。

確かに、生きていくにはお金が必要だけど、数々の調査で「年収と幸福度は比例しない」「お金は、ある程度までしか人を幸福にしない」ということが明らかになっている。具体的なデータでは「お金で幸せを感じるのは年収7・5万ドル（約800万円）まで」という米プリンストン大学の調査まであるのだ。

なぜ、幸福度は年収800万円で頭打ちになるのか。年収が高い人は「忙しくて時間がない」「ストレスが多い」といった傾向があり、最終的に「お金を得るほどお金を失うことを恐れるようになり、お金がいくらあっても幸せを感じられなくなってしまう」のだという。

特に私はファルダと話して以来、モナコの移住権を得て住んでいるフリをしている〝エセ移住者〞の富裕層ってどうなのよ、と思っていた。あらゆる税金は「みんなでよりよい社会を作るための会費」みたいなモノなのだ。それなのに、会費を払いたくないばっかりに、金にモノを言わせて、会費を納めなくてもいい国に逃れるなんて……。

そこには、「みんなで幸せになろう」という気持ちもなければ、自分を育んでくれた故郷への感謝もない。何より、同じ時代に生きている人たちのことを、〝仲間〟だと思う気持ちがあれば、税金逃れなんてするわけがないのだ。デンマークで出会ったレストランのおっちゃんの、「みんなでハッピーが一番さ。僕らは、みんながみんなのために働いてるからね」という言葉を思わずにはいられなかった。

人間はひとりでは生きることができないからこそ、みんなで力を合わせて生きている。人生の中で、自分自身が作ったものなんてほんのわずかで、誰もが、生まれてから死ぬまで、人に作ってもらったもの（食べ物から服、道や家、学校、病院、交通・公共サービス、娯楽等）に支えてもらい、たがいに助け合って生きているのだ。それなのに、自分が得することだけを考えてエセ移住をするなんて、あまりにも自己中心的すぎる！

いろいろ言いたいことはあっても、モナコ人の側から考えると、こうするより他になかったのかもしれないなぁとも思う。どんな人も、その人がその人になったのには全部原因があるように、モナコが今のモナコになったのにも、すべて原因がある。フランスやイタリア等、大国に翻弄され続けてきたモナコは、小国を維持するべく、世界の富豪相手にカジノや観光を〝売り〟にしたことで、どうにか生き延びてきた国なのだ。

　翌朝、スパに向かうべく海沿いの道を歩く。澄んだ青空と太陽の光がまぶしく、海からの潮風が気持ちいい。パステルカラーの街並みを眺めつつ歩いていると、向こうからアロハシャツのおじいさんが歩いてきた。

「ボンジュール、このスパに行きたいんですが」と尋ねると、おじいさんはニコニコ顔で行き方を教えてくれる。70代半ばとおぼしきおじいさんは、リタイアした人特有のゆとりが全身からあふれていて、生きながらにしてすでに天国にいるようなムードを醸し出している。

　あぁ、なんなんだろう、この国にいる人たちの、時間もお金もありあまっているような雰囲気は。誰もイライラしておらず、優雅でおっとりしていて、ケタ違いの金持ちはやたらと余裕があるのだ。

　道を歩けば、高齢の富豪に当たるモナコ。おじいさんは自分の祖国から税金逃れのためにモナコに来た人かもしれないけれど、モナコを救った立役者でもあるんだろう。そう考えないことには、富裕層の姿を見かける度に、つい心の中でいちいち（こんなに感じがいい人なのに、本当は心の狭いドケチなのかぁ……）などと思って疲れてしまうのだ。

　予約した「テルム・マラン・モンテカルロ」に着くと、これまた宮殿の佇まいを彷彿させる建物だった。それもそのはず。このスパは「カジノ・ド・モンテカルロ」と同じ「モンテカルロSBM」というモナコ最大のレジャー企業が運営していて、この会社は半官半民。言わば、モナコ公国お墨付きのスパなのだ。

中に入ると、エレガントとしか言いようがない、高級感漂う空間が広がっている。人生初の海洋療法《タラソテラピー》体験。これほど華麗でハイレベルなスパで施術してもらったら、ここを出るときは別人仕様になれる気がするではないか。

「こんにちは～。本日担当させて頂く、セラピストのチトセと申します」

なんとそこに現れたのは、なんとも品がよく、笑顔のすてきな日本人女性だった。

「え、日本人の方がモナコに!? チトセさんはこちらに住んで何年ぐらいなんですか？」

おだやかなマダムという雰囲気のチトセさんがにこやかに言う。

「私はモナコではなくニースに住んでいて、毎日、電車で20分かけて通ってるんですよ」

モナコの公用語はフランス語なので、ニースから通勤している人も多いのだという。モナコに住んでいる人の多くは「滞在許可を取っている外国人」で、モナコで働いている人の多くもお隣のフランス人だなんて、つくづく不思議な国だなぁと思う。

「タラソテラピーは、海水や海藻など、自然の恵みを使うんですが、ヨーロッパでは、タラソテラピーは美容だけでなく、自然治癒力を回復させる医療でもあるんですよ～」

まずは真っ裸になり、ミネラル豊富な〝死海の泥〟を全身に塗りたくってもらい、たっぷり20分間の泥パック。泥を洗い流した後、アロマソルト入りのジェットバスに20分間浸かって、全身をゆったり温める。

締めは、水着を着用してのジェットシャワー。細長いシャワールームに入り、チトセさんの指示通り、最奥にある壁際のバーにつかまる。

「このジェットシャワーは、リンパマッサージ効果があるんですよ。しっかりバーにつかまってってくださいね。じゃ、いきますよ～」

見ると、3メートル以上離れた所でホースを構えたチトセさんが、まるで消防隊員のような体勢で、私めがけてドバーッと放水してくるではないか！　エレガントな彼女から、凄まじい勢いの水を体中に浴びせられるという、なんとも荒っぽい施術に衝撃を受けてしまう。

「うわわ、これが体にいいなんて嘘でしょ!?　見た目、おもっきし罰ゲームやし！」

動揺しまくる私をよそに、チトセさんは自由自在にホースを操り、容赦なく放水してくる。

「ジェット水流によるマッサージで、硬直していた筋肉が緩和されますからね～」

「しぇ～っ!!　こんなに勢いよく水ぶっかけられたら、筋肉、よけい硬直しますわ！」

狭い空間に軟禁され、セラピストからまさかの水攻め。ジェット（噴射）というだけあって、水の当たりはかなり強い。想像を絶する水圧によろけつつ必死にバーにしがみついていると、世界最高峰のスパを体験しにきた、駆け出しの若手芸人みたいになってるじゃん！

「じゃ、次はお尻いきますね～」

言われるがままにケツを差し出すと、チトセさんが予告通り、お尻めがけて放水してくる。

「イデデデ！　ケツ、超いてぇ～!!」

「お尻は凝ってるところですからねぇ。強めの刺激を与えると、血行がよくなりますよ～」

尻に水が直撃し、「ぎぇぇぇぇぇ～！」と声を上げてしまう。にしても、ホースでケツに放水って！　知らない人が見たら、セラピストとお客ではなく、ＳＭプレイに興じる女王様とシモベの絵面でしかないだろう。

全プログラム終了後、プラクティシャン（自然治療の臨床家）でもあるチトセさんから〝タオ指圧〟のストレッチを教えてもらうと、今までの疲れはどこへやら。うひょ～、なんて爽快な気分なんだろう！　まるで、神様から新しい体をもらって生き返ったような清々しさで、信じられないぐらい体がスッキリしているではないか。今日の全コースで料金は計175ユーロ。これだけ体がラクになったことを考えると、来た甲斐があったと思える金額だ。

施術後、スパ内のレストランでチトセさんとランチさせてもらうことになった。

ガウン姿でもオーケーと聞き、私は真っ裸に白いガウン、チトセさんは私服のワンピースに着替えて、海に面したテラス席へ。目の前に、静かで美しい地中海が広がる中、キンキン

いい香りのジェットバスで、セレブ極楽気分♪

すっきりデトックスして、チトセさんと乾杯！

に冷えたシャンパンで乾杯する。太陽のまばゆい光を浴びながら頂く、豪華なフレンチ。ガウン姿ということもあって、人生で最もゴージャスな時間を過ごしている気がするではないか。

「モナコに住んでる外国人のお客さんって、やっぱ大金持ちですか？」と聞いてみる。

「前に、リピーターの方がいらして、その方はいつも、今日は一日でブランドものを何百万も買ったとか、カジノで一日何百万もスったから癒されにきた、みたいなことをおっしゃるんですね。私、施術させて頂きながら、『お金の使い道にお困りなら、寄付されてみてはいかがでしょう。貧しい子どもたちをたくさん救えるし、笑顔になった子どもたちを見たら、ご自分も幸せを感じることができますよ』って言っちゃいましたもの」

無防備なハダカで施術中の億万長者を相手に、まさかの説教。こんなにおだやかな雰囲気のチトセさんが、ズバリ、的を射た助言をした話を聞いて、胸がスカッとしてしまう。さすが、客のケツに狙いを定めて放水してきただけのことはあるなぁ！

「そんな本当のこと、職場でお客に言っちゃって大丈夫なんですか!?」

「同僚にこの話をしたら、『よくぞ言ってくれたわ！』って言ってくれましたよ。でも、本当に、その方に幸せになって頂きたいと思ったから、生き方を変えてくだされればなぁと思って、祈りを込めてお伝えしたんです」

「で、その人の反応はどうだったんです？」と聞くと、チトセさんは残念そうに言う。

「『本当にその通りだと思うけど、親も祖父母も、代々カジノに出入りするような家系に生まれ育って、ギャンブルは習慣だから簡単には治らない』っておっしゃってましたね」

言うなれば、富裕層のギャンブル依存症だ。児童虐待《ぎゃくたい》が、親から子、その子どもに連鎖してしまうことが多いように、金持ちのギャンブル好きもその例外ではないのだということ。

世界中の大富豪と〝裸のつき合い〟をしてきたチトセさんがしみじみ言う。

「大金持ちの人って、心のどこかでさみしくて虚しいんじゃないかと思いますよ。これからの時代は、西欧の個人主義ではやっていけないとつくづく思いますもの」

「今ヨーロッパを旅してて、めっちゃキリスト教離れを感じるんですけど、その一方で、仏教とか瞑想に惹かれる人が増えてるなぁと思いますもんね」

私が、この3週間のヨーロッパ旅で実感したことを話すと、チトセさんが大きく頷く。

「私のまわりのフランス人も、仏教とかヨガ、スピリチュアルなことに関心を持つ人が増えてますよ。仏教は宗教というより、生き方だと思います。人はひとりでは生きられないし、人とのかかわりがなければ生きていけないことに、みんな、気づき始めたんじゃないでしょうか」

まったくもって同感だった。

「生きてるってことは、人とつながってるってことですからねぇ。日本人はよく『これをご縁に』とか『おかげさま』とか仏教の言葉とは意識せず使いますけど、あらゆるつながりの

〝おかげ〟で、自分が生かされてるのは間違いないですもんね」

「ビタ一文、税金を払いたくない」という理由で、モナコに移住した大富豪の人生を思う。豪邸に住んで、ブランドもので着飾って、豊胸手術でさらに盛って、金持ち仲間とパーティ三昧の享楽的な人生。欲しいモノが無限にあって、欲望が次から次へと湧いてくるということは、「常に心が乾いていて、満足感がない状態」ということなのだ。

大金持ちは、本当は虚しいし、満たされてもいないんだろう。ありあまるお金があっても、同じ地球で同じ時代に生きている人たちのことを〝仲間〟だと思えないということは、日常の中で愛を感じることができない人たちなのだ。

そう思うと、「愛を感じることができない」という、人間として最も辛い苦しみを味わわされている、気の毒な人たちだとも言える。考えてみれば、税金逃れのためにモナコに集まってくるような富裕層は、愛の足りない人たちであって、そんな人たちが心から本当の幸せを感じているわけがないのだ。

でも、これは何も、モナコの富裕層だけの話ではない。世界の富の半分を、たった1％の富裕層が独占しているという事実。そして、タックスヘイブンの国を隠れ蓑に税金逃れしている大企業も、世界中に山ほどある。富裕層と大企業が、ほんの少し多めに税金を払ってくれるだけで、飢餓にある人たちを救うことができ、学校に行けない子どもが教育を受けることもできるのに！　大富豪たちの愛の小ささは、グローバルな格差問題に直結しているのだ。

「チトセさんは、どんなご縁で海外に住むことになったんですか？」

聞くと、チトセさんは日本で10年間、有名ブランドのバイヤーとしてバリバリ働いていたものの、生きづらさを感じて会社を辞め、アメリカ、ドイツに遊学。35歳のときにニースの指圧学校に通い、フランス指圧協会の試験に合格。ビーチで指圧の本を読んでいたときにフランス人男性と出会い、結婚。娘さんふたりにも恵まれ、幸せに暮らしているのだという。

「チトセさんは、日本の何が生きづらかったんですか？」と聞いてみる。

「会社に入って、日本のヘンな常識に縛られるのがキツかったですねぇ。私は負けず嫌いで気が強かったから、会社でまわりと違うことをすると、同調圧力が凄くて『決まりだから、そういうことしちゃダメ、言っちゃダメ』と批判されて……。たとえば、ヨーロッパはバカンスを取りますけど、日本って長い休みを取るとヒンシュクを買うじゃないですか」

「〝休みを取ったらいけないオーラ〟が蔓延してますからねぇ。堂々と休みが取れるのは冠婚葬祭のときだけで、長期休暇なんて、新婚旅行か、病気で入院したときしか取っちゃいけない雰囲気ですもんね」

休むことに罪悪感があり、休まず働くことを美徳としがちな日本。その日本の常識は、もはや世界の非常識なんだから、古い価値観をアップデートしてほしい、と願わずにはいられなくなる。

「アパレル時代の私もそうで、有給休暇が20日間あってもずっと取らずにガマンしてたんです。勤続10年のとき、ひとつの区切りとして、2週間の休みを取ってアメリカ旅行をしたんですね。で、旅から帰ってきたら、上司にも了解を取って休んだのに、その上司から『きみは、あり得ない長さの長期休暇を取って』とかグチグチ言われて」

「激しく分かりますわ〜。私の18年間の会社員時代も、その闘いでしたから」

「ストレスが溜まると免疫力が低下して病気になってしまうし、病気になってから休むなんて本末転倒ですよね。元気に働くためにもリフレッシュは必要だし、当然の権利なのに」

日本人が有給休暇を使い切らない一番の理由は、「病気になったときのために残しておく」なのだという。これほど本末転倒な話があるだろうか。いや、ない！

過労死《カローシ》（karōshi）が〝世界共通語〟にまでなり、日本人の休めなさは、人権問題だとつくづく思う。国際的なデータでも、「労働時間が長く」「休まない」人が多い日本は、メリハリのない働き方のせいか、「仕事への満足度が低い」という調査結果もあるぐらいなのだ。

「じゃあ、そのアメリカ旅がキッカケで、会社を辞めることに？」

「そうですねぇ。仕事もちゃんとしてるのに、規定内の休暇を取っただけで文句を言われると、何千万円の売り上げとかノルマとか、数字を追いかける毎日にも疑問が湧いて、やり甲斐が感じられなくなってしまって……」

「気が強い人でも、日本って生きづらいもんなんですね。私はこう見えて気にしいの小心者で、会社に捨てられたら自分は終わりだから、会社に捨てられないよう、しがみつかなければ！　と思い込んでましたから。でもやっぱり、偽りの人生を生きている感じが辛すぎて」

私が言うと、チトセさんがおだやかに頷く。

「どう生きればいいかは学校でも教えてくれないし、これぱっかりは自分自身で見つけるしかないですからねぇ。私も30代の初めは自分がどうしたいのか分からなくて、国を転々としましたけど、ここに導かれてきたんだと思います。自分のやりたいことをさせてくれたのがフランスでしたから」

「にしても、フランス人って、なんであんな般若《はんにゃ》みたいな顔で怒ったりグチったりするんですかねぇ」と言うと、チトセさんが笑う。

「アハハ、不平不満を言うのがフランスの国民性ですからね。般若顔、ご覧になりました？」

「ご覧もナニも、パリの観光案内所でも、『安宿ないですか？』って聞いただけで、この世のものとは思えない鬼のような面構えで『パリの宿は、全部満室！　空いてるのは、パリ郊外の1泊200ユーロのホテルだけ！』って怒鳴られて、心がへし折られましたもん。あの恐ろしい般若顔、日本人の表情のバリエーションには、絶対ないですよねぇ」

私が目を釣り上げ、鬼の形相をマネしてみせると、チトセさんは腹を抱えて笑う。

「アーハッハ！　私も初めは衝撃で、本当に打ちのめされました。でも、いいところもあるんですよ。日本では自分をさらけ出せなかった私が、人と本音のつき合いができるようになったのは、フランス人のおかげですから」

「そりゃ、毎日のように、あんな凄まじい鬼顔を見せられてたら、誰だって（あぁ、私も自分をさらけ出していいんだな）と思えるようになりますって！　てことは、チトセさんが自分の殻を破ることができたのは、あの般若フェイスのおかげなんですねぇ」

フランス人にとって、イラつく気分をバンバン出すのは当たり前のこと。でも、自分の気持ちを抑えるのが当たり前の日本人にとっては、凄まじい不機嫌顔で自己主張するフランス人に囲まれて生きるのは、究極の荒療治になるのかもしれなかった。

「ハハハ。確かに20年近く住んで、私もここぞのときには、立派な般若顔ができるようになりましたねぇ」

日本では〝気の強めな人〟が、フランスに行くと〝気の弱い人〟になってしまい、般若顔ができるようになるまでに20年も要するとは。恐るべし、フランス人の強靭《きょうじん》なメンタル！

私が会社を辞め、旅の経験を本に書いていることを話すと、チトセさんの目がパッと輝く。

「素晴らしいですねぇ！　てるこさんにぜひ、日本のみなさんに『自分で自分を縛らずに、心のおもむくままに自由に生きればいいんだよ』ってことを伝えて頂きたいですね」

海外在住の人に「日本のみなさんにお伝えを……」などと言われると、なんだか大層なお役目を授かったような気持ちになるけれど、実際、日本を出て幸せになった人の言葉には、説得力があった。そして、チトセさんとは反対に、母国では生きづらさを感じていた外国の人が、日本に来て〝水を得た魚〟のように幸せに暮らしている例もある。

たまたま生まれた国が合わなくても、200近くある国の中から自分に合った土地を選び、新たな土地に移り住むことができる時代。置かれた場所で咲かなくていい、自分に合わない場所でガマンせず、自分がラクに生きられる場所を探してもいいのだ！

人類700万年の歴史を思えば、ほんの最近まで、人は生まれた土地に縛られ、旅することも許されていなかった。日本人が制限なく海外旅行に出られるようになったのは、1966年のこと。私たちは、いまだかつてなかった、前人未到の自由な時代を生きていると言ってもいい。

たった一度っきりの人生。行きたいところを旅して、住みたい国に住んで、したいことをして、生きたいように生きればいい。私もようやく、心の底からそう思えるようになったひとりなのだ。

イタリア★フィレンツェ
33歳まで処女だった友が「国際結婚した謎」に迫る

（ここが、友の愛する国かぁ！）

イタリアのフィレンツェ駅に着くと、近代的な雰囲気の構内はだだっ広く、大勢の人が忙しそうに行き交っている。ヨーロッパの駅はたいてい改札口がなく、列車を降りると地続きで駅構内に繋がっているので、すぐに方向感覚を失ってしまうのだ。

オロオロしていると、ボーダーシャツを着たアジア女子が手を振っているのが見える。不案内な土地で、見慣れた友の姿を見つけた安堵感といったらなかった。海外に住む友だちを訪ねる旅は、なんて安心で楽チンなんだろう！

「おお、たかのぉ〜、ほんまによう来たなぁ！」「ターデー、やっと来たでぇ！」

20年来の友、ターデーと待ち合わせ、ビッグハグを交わす。人なつっこい笑顔を浮かべたターデーは、相変わらず細い目で（私もだが）、まるっこい体つきで（人のことは言えんが）、ベタベタな関西弁だ（つーか私もだ）。

「奥手やったあんたが、イタリア人と結婚して子ども産んで幸せにやってるなんてなぁ！」

イタリアのカフェのイケメン優男

イタリアのイメージ通りのちょいワル親父

仲良く話したイタリア人のおじさん

大胆な肩出しワンピースが素敵

「たかのも18年も勤めた映画会社から独立して、ひとりでやってるなんてスゴい話やでぇ」

なんて言い合いつつ、久しぶりの再会を喜ぶ。ターデーが帰国したときには一緒にごはんを食べるものの、私がイタリアに来たのは生まれて初めてのことなのだ。

田出《たで》寛子ことターデーは、小説家の吉本ばななさんの元秘書。大学4年の冬、「この春、奈良から上京してくる寛子ちゃんは、てるちゃんと同い年なんだよ」と紹介されたのが縁で出会い、20代の頃はよく遊んだものだった（エッセイ『パイナップルヘッド』『日々の考え』等に、ターデーは〝ナタデヒロココ〟というあだ名で登場し、面白エピソードが盛り沢山！）。

じつは、このターデー、イタリアに来るまで誰とも付き合ったことがなく、初めて付き合った男がイタリア人で、その男こそが夫のシモーネ。ひと言で言うと、ターデーは33歳まで処女だったのだ。

それにしても、日本でのお手合わせもないまま、初めての試合が〝国際試合〟だなんて、なんたる開拓精神《フロンティア・スピリット》！　言うなれば、県大会にも出たことがないのに国際舞台のオリンピックに躍り出ちゃったような、大飛躍を遂げたのだ。まさに、スペクタクルすぎる、ウルトラミラクルラブストーリーとはこのこと！

「シモーネが車で待っててくれてるから、いこ！」とターデー。

外に出ると、フィレンツェの青い空が広がっていて、気持ちいい〜！

駅前でシモーネがニコニコ顔で迎えてくれて、ハグを交わす。つぶらな瞳で優しそうなシモーネは、私たちと同じく41歳なのだが、頭は気持ちがいいぐらいつるっつるだ。

薄毛率の高いヨーロッパで、潔いつるつるヘッドのシモーネは、ジタバタ感がなく好感度高し。さすが、国の違いを乗り超えてターデーと結ばれた男だけのことはある。

「シモーネの頭、思いきりがよくて、ブオーノ！（イタリア語の「すばらしい・おいしい」）」

日本語が話せないシモーネに英語で言うと、シモーネが笑いながら言う。「ハハッ。イローコ（本当は「寛子」だが、ラテン民族はハ行が言えない）も、オイシイ、オイシイ！」

シモーネは日本語の「オイシイ！」を連発し、得意の愛情表現で、ターデーの頭をかじるマネをしてみせる。この旅に出る前、何度かネットのビデオ電話でターデーと話したとき、シモーネとも話したから、すでに面識があったのだ。生《なま》のシモーネとは初めて顔を合わせるのに「初対面」ではないなんて、文明の利器はスゴいなぁと今さらながら感心してしまう。

シモーネの運転で、まずは街を一望できるという「ミケランジェロ広場」へ向かう。車がぐんぐん小高い丘を登り、着いた広場からフィレンツェを見晴らすと、青空の下、パノラマのような絶景が広がっている。

うっわ〜、ターデーの住む町は、なんてきれいなんだろう。茶色い屋根の街並みがどこまでも続き、中心にはゆるやかな大河が流れ、優雅で調和のとれた景観は見事としか言いようがなかった。さすが〝花の都〟といわれるだけあって、歴史を感じる建物はどれも洗練されていて美しいこと！

「あの丸いのが、街のシンボルになってる大聖堂『ドゥオーモ』やで～」とターデーが言う。

「どの建物も屋根が茶色で本体が白いから、ティラミスみたいで食べられそうやなぁ」

「あんた、世界遺産のフィレンツェの街並みをティラミスて！」

「まぁまぁ、ホメ言葉やがな～」なんて返しつつ、まだ何もしてないけれど、ずっと来たかったイタリアにようやく来られたんだと感慨に浸ってしまう。

来てみたらこんなにたやすいことだったのに、どうして私は、今までここに来ることができなかったんだろう。友の住む国を気軽に訪れることができないほど、いつでも時間に追われ、心にゆとりがなかった会社員時代を思う。

あぁでも、私はこんなふうに、いつでもどこにでも行けるんだ！　時間はかかったけれど、やっとのことで、なりたかった自分になれたんだ。考えてみれば、自由を奪われて拘束されていたワケでもないのに、行きたいところがあっても行けなかったなんておかしな話だ。自分を縛っていたのは自分自身だったんだなぁとつくづく思う。

「あれが、ミケランジェロが作ったダビデ像のレプリカやで～」

見ると、フィレンツェの町を見下ろすように、巨大な銅像が立っていた。あぁ、美術室に

なぜ彫像は全裸で粗チンなんだ!?

「イローコはオイシイ！」とガブッ♡

街全体が美術館といわれる、美しいフィレンツェを一望

よく置いてあるやつだ！　それにしても、ローマとかギリシャ時代の彫刻は、どうして全裸で男根モロ出しなんだろう？　近くまで行ってみると、ダビデ像のおティンティン、ちっちゃ！　しかも、おもいっきり包茎じゃん‼

よくよく考えると、西洋の彫像は粗チンばかりだ。つい数日前、フランスの〝ヌーディスト・ビーチの聖地〟を旅したばかりの私は、つい何百本ものデータを思い返してしまう。価値観は時代によってコロコロ変わるから、当時の美意識ではミニウィンナー的なおちんちんがよしとされていたんだろうか。

「なぁなぁ、こういう彫像ってなんで粗チンなん？　ルネサンスの影響とか？」

「さぁ、なんでやろ〜？　大きいと威圧感があるから『小さいから、安心してください』ってことかなぁ」

確かに馬並みサイズやと、安心できへんもんなぁ、ってコラ！　ターデーに歴史うんちくを期待するのはやめておこう。ターデーは「過去」ではなく「今」を生きていて、イタリアでのミッションは「33歳まで処女だった友が、国際結婚した謎に迫る」ことなのだ。

出会った頃、大学を出て就職したばかりだった私たちは、なんのかんの楽しく生きながらも、心の中ではモンモンとしていた。私はまったく向いていない仕事に忙殺され、ターデーは「彼氏いない歴＝年齢」の恋愛日照りな人生を憂い、とにかくふたりとも「このままでいいんだろうか……」と、自分の人生に自信が持てずにいた。当時、私の職場は東京の銀座なのに、なぜか会社の寮は1時間半も離れた埼玉の戸田にあり、残業して終電を逃す度に、東京の下町にあった「ホテル・タデ」（ターデーのアパート）に泊まらせてもらったものだ。

深夜、アポなしでホテル・タデに行くと、女支配人はドアを開けて手土産のトイレットペーパーを受け取ると、後れ毛を整えながらしなを作って言ったものだった。

「あらあら、こんな夜中に、どんな殿方がいらしたかと思ったわぁ」

「へへっ、どうせ男なんて引っぱり込んでないやろから、今日も部屋空いてると思ってきたで〜」なんて返しつつ、ターデーが冷蔵庫にあった具材で創作和風パスタを作ってくれたりして、私たちは楽しい夜を過ごしたものだった。

あるとき、仕事でイタリアに出張していたターデーが帰国したので、ホテル・タデに会いに行くと、家中の壁という壁にイタリア語のお手製ポスターが貼ってあるではないか。「あんた、そんなにイタリアに惚れ込んだん!?」と驚く私に、ターデーは満面の笑みで言った。

「なんか、居心地よかったんよな〜。そやから、いつかイタリアに住めたらなぁと思って」

英語もロクに話せないのに、イタリア語をマスターする気ぃ!?　同じ国に通うよりも未知の国を旅するのが好きな私からすると、ターデーの一途なイタリア熱は衝撃的だった。

当時は夢物語だと思ったものの、ターデーは8年間続けた秘書を辞め、33歳のときに一念発起し、イタリアに4ヵ月間の語学留学を決行。その留学中、ひょんなことから心優しいシモーネと出会い、恋に落ちたのだ。

その後、ターデーは35歳で娘のマリナを出産するも、ふたりは2年ほど事実婚状態だった。カトリックの国であるイタリアは、結婚するのも大変なら（ex.家族が結婚に反対すると話し合いになる）、離婚するのも手続きが大変なので、結婚しないカップルも多いそうな。そんなこんなで時差があったものの、ふたりは37歳のときに2年越しの〝授かり婚〟をしたというワケだ。

近くのサン・サルバトーレ教会へ向かうと、杉並木の奥に、素朴で美しい佇まいの教会が建っていた。中に入ると、ろうそくの小さな火が灯る中、清楚なマリア像が迎えてくださる。

「シモーネとかシモーネの家族と、教会にお祈りに来たりすんの？」

「いや〜、まずないなぁ。もちろんカトリックが生活のベースにあるし、イタリアは家族を大事にするから、クリスマスとか復活祭《イースター》（処刑されたキリストが3日後に復活したことを祝う宗教行事）には家族で集まるけど、わざわざ教会には行かへんなぁ」

日本人が、先祖供養するために行う「お盆」を〝宗教儀式〟だといちいち意識せず、夏の風物詩として自然にやっているのと同じような感じがするなぁ。見ると、シモーネのお祈りもちゃちゃっと十字を切っただけで、拍子抜けするぐらいアッサリしたものだ。小学校から

「宗教の時間」があり、人口の8割がカトリックと言われるイタリアでも、実際にはかなりキリスト教離れが進んでいるらしい。

お祈りした後、いざ車でふたりが住む家へ。運転中のシモーネに聞いてみる。

「ねぇ、シモーネも、まさか日本人と結婚するとは思わなかったでしょ？」

すると、シモーネの顔がパッと輝き、得意満面で言う。

「いや、僕はもともと日本には親近感を持ってたからね！　子どもの頃、永井豪の『鋼鉄ジーグ』とかプレイステーションに夢中だったんだ。だから、イローコに会った途端、親しみを感じたんだよ〜」

イタリアでも『マジンガーZ』や『デビルマン』が大人気となり、一躍、日本ブームが巻き起こったのだという。日本のアニメやゲームは日本の親善大使的な役割を果たしているから、日本人の国際結婚にも一役買っているかもしれないな。

なんせ、今や日本人の国際結婚の割合は25組に1組、東京では10組に1組。ターデーのように海外で結婚した国外在住者も入れると、その数はもっと多いだろう。日本人が日本人とだけ結婚する時代は終わったんだなぁとしみじみ思う。

「ターデーは、シモーネのどこがよかったん？」と聞くと、ターデーが即答する。

「やっぱ、卑屈じゃないとこやな〜」

「へ？　卑屈じゃない？　それは、どんな自分も否定せずに、受け入れることができてるってこと？」

「うん。シモーネのお姉さん、バルバラも言うてはったけど、シモーネは15歳の中学生がそのまま大きくなったような人で、超マイペースな〝不思議ちゃん〟やねん。娘のマリナとシモーネと、子どもがふたりいるみたいな気持ちになるし、超世間知らずやし、まったく社交的じゃないし、基本引きこもりやけど、自信が確立されてるんよな〜」

「なんか、一言もホメてなかった気がするけど、確かにヨーロッパの人って、自分が自分であることにゆるぎない自信を持ってる感じがして、堂々としてる人が多いよなぁ」

私が言うと、ターデーは大きく頷く。

「シモーネはその最たるもんで、まわりとズレてようが、まったく気にせえへんねん。友だちもほとんどおらんし。前に『友だちいらんの？』って聞いたら、『ただでさえ仕事にたくさん時間をとられるんだよ。自分の時間くらい好きなように過ごしたいし、愛する家族もいるし、なんで無理に友だちを持たなくちゃいけないの？』と可愛らしく言われて、グウの音も出えへんかったもん」

私たちが日本語で話していると、シモーネがニコニコ顔で「ナニナニ〜？」と言ってくる。

「シモーネが、どれだけいい男かって話をしてたんだよ」と私が言うと、「ウソウソ〜。今、僕の悪口言ってたでしょ〜」なんて言いつつ、シモーネはどこ吹く風。この、ニコニコ顔の〝おっさん子どもなつるつるヘッド〟が、そんな強靭なメンタルを持っていたとはなぁ！

30分ほど車を走らせると、フィレンツェ郊外のターデーの家に到着。一見、いかにも現代的な低層3階建てマンションなのだが、茶色の屋根で白壁の建物は、まさにティラミスカラー。まわりを見回すと、閑静な住宅街のどの家もティラミス色で統一されていて、街の景観を守らんとする意識の高さがうかがえる街並みだ。

よく見ると、1階の窓という窓に鉄格子がハメられていて、目がテンになってしまう。

「え、なにこの鉄格子!?」

「フィレンツェは治安がええ方なんやけど、イタリアは鉄格子がないと、泥棒が入り放題になってまうねん。泥棒が『ココは入りやすい家』とか暗号の印を付けたりするらしいし」

「へえ〜っ!!」

こういう話を聞くと、日本の治安の良さを思い知らされてしまう。

そこへ、白いランニング姿のぷっくりしたおじいさんが通りかかり、「チャオ〜（やぁ）」と声をかけてくる。ターデーも「チャオ〜」と返し、何やら短く話して手を振る。

「今のは上の階の人。1年前、最愛の奥さんを亡くしてめっちゃ落ち込んではったんやけど、すぐにルーマニア人の彼女ができて幸せにしてはるわ。イタリア人、切り替えが早いよなぁ」

「へえ〜っ!!」

見かけよりも治安は悪いわ、妻に先立たれた男も手が早いわ、隣人の恋愛事情にも精通してるわで、ターデーの日常は小さな驚きの連続だった。

「おじいおばあが1階、私ら夫婦は半地下に住んでる二世帯住宅で、ここは、おじいらの家の玄関やねん」と言いつつ、ターデーがドアを開ける。

「チャオ〜。ピエルルイジ（義父の名前。欧米ではファーストネームで呼び合うのが一般的）、てるこが来たよ〜」「おお、よく来たな！」

頭つるっつるのおじいが出迎えてくれてハグを交わす。おじいともビデオ通話で話したことがあったおかげで、ちょい強面《こわもて》で丸坊主というルックスに、すでに親しみがある。

「おじい、お元気そうで〜。健康でいられるのは、空手をやってるから？」

屈強なボディで、バリトン歌手のような野太い声のおじいは、じつは元「空手のイタリアチャンピオン」だった人なのだ。

「もう空手はやってないが、ワシは毎日よく歩くんだ。おかげで10歳は若く見られるぞ！」

御年72歳。つるつるヘッドのおじいはこう見えてアンチエイジングに勤しんでいるらしい。

「おじいとシモーネ、お揃いのつるつるヘッドで、仲良し親子やなぁ」

「この人ら、2週間に1回ぐらい、『そろそろやっとく？』みたいな感じで、お互いの毛をバリカンで剃り合ってはるわ〜」

自分の部屋からタバコ片手に出てきた、アンニュイな美人のおばあともハグを交わす。

「おばあの名前、シモネッタやねん。一度聞いたら忘れられへん名前やろ〜？」

シモーネのおかんだから、シモが付くのは当然の流れなんだろうけど、シモネタって！

「おばあ、家の中でも、ちゃんとお化粧してはるんやなぁ」と感心すると、ターデーが言う。

「家で一日中テレビ見てはるけど、毎朝、髪とかして口紅塗って身だしなみを整えてはるわ」

ふたりの馴れ初めを聞いてみると、おじいが胸を張って言う。

「ワシは、美しいシモネッタに夢中だったから、あの手この手で口説き落としたんだ」

おばあは照れくさそうにケラケラ笑い、美味そうにタバコをふかしている。私がタバコを指し、「おいしい？」と聞くと、おばあが何やら言う。「『タバコは友だちよ。タバコをやめるくらいなら死にたいわ』って豪語してはるわ」とターデーが訳してくれる。おばあは、13歳（！）からタバコを吸っている、筋金入りのヘビースモーカーだというから驚きだ。

「うわ〜、家の中、めっちゃオシャレで、ホテル並みにきれいやん！」

リビングに入ると、茶を基調としたインテリアで統一された室内は、古風なイタリアを感じる、なんとも落ち着いた雰囲気だった。センスよく飾られた絵、ヴィンテージ家具、使い込まれたソファ、赤いゴブラン織りの絨毯。無類の掃除好きだというおじいの手で、どこもかしこもビカビカに磨かれている。

「イローコはいい娘だが、掃除が下手クソだ。だが、ワシの家は、どこを舐めても大丈夫なぐらいキレイだぞ！」

「あぁ、うるっさい、うっとうしいわ〜。毒舌のおじいがこんなふうに、毎日頼んでもないのに熱血スパルタ指導してくるねん。ピエルルイジ、私も最近はきれいにしてるで！」

ターデーがおじいに言い返すと、「それは、お前が留守中、ワシが汚い箇所を磨いてやっとるからじゃ！　今おまえ、ワシを『うっとうしい』と言ったろ？　ワシは悪口の日本語は分かるんだぞ！」などと漫才のようなやりとりが始まる。義父の名前を呼び捨てにして、本人の目の前で文句を言うなんて日本の感覚からするとあり得ないことなので、ふたりの激しいツッコミ合戦に面食らってしまう。

奥からモジモジしながら娘のマリナ（7歳）が出てきて、「てるこさん、こんにちは〜」と日本語で挨拶してくれる。マリナとは東京で何度か会ったことがあるのだが、とにかく天使のようなキュートさで、なんともアイドルチックな顔立ちなのだ。

おじいがマリナを抱き上げ、頬をすりすりしながら言う。

「マリナは宝物だ！　お前は世界一かわいいぞ！　アモーレ（愛しい人）！　イタリアではこんなふうに、子どもは蝶よ花よと育てられるんだ」

家族に溺愛されているマリナを見ていると、イタリア人の愛情表現や家族愛はこうやって育まれるんだなぁと思わずにはいられなかった。

「ねぇねぇ。シモーネは、ターデーのどこが好きになったん？」と聞いてみる。

「僕はイローコの、このちいっこい目がたまらなく好きなんだよ」とシモーネがノロケると、おじいがハキハキボイスで言う。

「ワシはこの、開いてるのか閉じてるのかも分からん、線みたいな目がおもろいな！」

おじいに聞いてへんから！　と思っていると、おじいが畳み掛ける。

「イローコは、こんなに小さな目で見えづらいだろうに、そのわりには家事も頑張っとるしな！」「オイオイ！　目が小さくても、ちゃんと見えてるっちゅうに!!」と、またまた嫁舅《よめしゅうと》漫才が始まる。

それにしても、ターデーがシモーネに愛されているのは当然のことながら、義父にここまで愛されている嫁がいるだろうか。おじいはマリナの学校や習い事のお迎えはもちろん、ターデーがテンパっているときは、お手製のローストビーフや具だくさんのパニーニ（イタリア風のサンドイッチ）を持ってきてくれたりと、まさに至れり尽くせり。ターデーにとって、「ドラえもん」のような存在の〝スーパーおじい〟なのだ。

「あんた、家族にめちゃめちゃ愛されてるなぁ。二重の整形せんでよかったよな」

「テヘへ。もし二重にしてたら、危うくチャームポイントをなくすところやったわぁ♡」

日本にいたときは最大のコンプレックスだった一重まぶたの目が、イタリアに来てみたら最強のチャームポイントになったという事実。私自身、会社にいたときは〝旅好き〟なことが一番の欠点だと感じていたのに、会社を辞めた途端、最強の長所になったのだ。

人生がうまくいかないときは、今いる場所を変えてみるのが一番だとつくづく思った。勇気を振り絞って動けば、今までの価値観が180度ひっくり返ることもあるのだ。

家族とイタリア語で冗談を言い合うターデーを見ていると、すっかりイタリアに溶け込んでいて、目覚ましい成長ぶりに目を見張る。よくこんな、自分のことを知っている人が誰もいない国に乗り込んで、ちゃんと家族を作って、二世帯住宅で夫の両親とも仲良くできているよなぁと感心してしまう。

「チャオチャオ〜(バイバ〜イ)」とおじい&おばあに手を振り、半地下の住居に移動すると、母屋とはまったく違う雰囲気の、カラフルでキュートな空間が広がっていた。

家の壁や冷蔵庫には、かわいいイラスト付きの、日本語の漢字や単語のポスターが貼ってあった。家の中の共通語はイタリア語なのだが、ターデーはマリナとだけは日本語で話す。ターデーはふたつの国をルーツに持つマリナのために日本語を教えつつ、母国から離れた孤独を、マリナとの日本語の会話で癒してもいるんだろう。

仲睦まじいおじい＆おばあペア

自分大好き♡ 愛らしいマリナ

おいしい手料理＆ターデー家の笑顔に、あぁ幸せ〜♪

待ちに待った夕食タイム、ターデーが腕をふるってくれたイタリアンを頂く。

「これはおじいに教わった、フィレンツェの家庭料理の定番、白いんげん豆を茹でたヤツ」

〝白いんげん豆を茹でたヤツ〟だぁ？　それは料理なのか？　と訝《いぶか》りつつ、見た目、超地味な豆を食べてみると、豆のコクと自然の甘味が口いっぱいに広がる。

「うんまっ!!　豆とツナとオリーブオイル、めっちゃ合うな！　この旅の中で一番かも〜」

「あんた、うれしいこと言うてくれるなぁ。圧力鍋に白いんげん豆と生のセージを入れて、豆が茹で上がったら、オリーブオイルとツナと塩こしょうで味付けするねんけど、シンプルやのにおいしいやろ〜。ウチの家は、みんなこの豆料理が大好きやねん」

ターデーが、丸いレコード盤のようなパン、「ピアディーナ」を焼いて持ってきてくれる。

「この平たいパンに具をはさむんやけど、今日は生ハムとチーズをはさんでみたわ」

「パリパリの食感と、チーズのとろとろがうま！　生ハムの塩加減もええ感じやわ。パンまで家で焼いてるなんて、ちゃんと手作りしててエラいな〜」

「イタリア人はピッツァとかでも、家で焼く人が多いで」

「僕はイタリア料理を愛してるから、いつもイタリア料理を作ってってせがむんだよ〜」

みんなで話し込んでいると、大人の会話に入れないマリナがぐずり出し、だんだん機嫌が悪くなってきて、しまいには「ワアアアアーッ！」と泣き出してしまった。

「ごめんな～。マリナには興味ない話やったなぁ」と私が謝ると、マリナはママを独り占めした私への敵意を剥き出しにし、野生動物のような鋭い目で思いっきりニラみつけている。みんなのアイドルであるマリナは、自分が輪の中心でないと気が済まないお姫さまなのだ。

「この人、マリナの話、全然聞いてくれないっ!!」

「よしよし、マリナさみしかったな～。でも、ママの大事な友だちやから仲良くしてな」

ターデーがマリナをなだめ、シモーネが私にサラダを取り分けてくれる。だが見ると、皿に盛られたのは、小さなルッコラの葉３枚ではないか。

「ぬぇえええ！　こ、これだけ!?　すくなっ!!」

私が目をしばたたかせ、口をすぼめて大げさに驚くと、シモーネはイタズラ好きな中学生男子のような顔で「ギャハハ！」と腹をよじって笑っている。マリナは初めて見るひょっとこ顔がおかしかったらしく、腹を抱えて笑い転げ、イスからずり落ちて「アーハッハ！　てるこ、バカみたい!!　バカの顔!!」と言って大笑いしている。なんなんだ、この親子！

「マリナ、あんた、イスから落ちるなんて笑いすぎやろ～」

ターデーがマリナに接する姿を見ていると、ターデーは自分がやってもらいたかったことを娘にやってあげているんだなぁとしみじみ思う。

語学に苦労したターデーが赤ちゃんのときから日本語で話しかけたおかげで、マリナはバイリンガルなうえ、英語も得意。しかも、天使のように愛らしいルックスで、二世帯住宅に住んでいるおかげで、おじい&おばあからアモーレ三昧の寵愛を受けている。どれもこれも、ターデーが子ども時代には得られなかったことばかりなのだ。

「ママが大好きなマリナは、あんたから生まれたいと思って生まれてきたんやろうな〜」

私がふっとそう言うと、ターデーが思い出したように言う。

「そういえば、マリナ、〝胎内記憶《たいないきおく》〟があってん。3歳のとき、『マリナは生まれる前、どこにいたの？』って聞いたら、『ふわふわの雲の上で、たくさんの子どもと一緒にいて、上からママが見えたから、ママをお母さんに決めたの〜』って言うてたわぁ」

「へえぇ〜！　ええ話やなぁ」

最近よく耳にするようになった〝胎内記憶〟とは、「母親のお腹の中にいたときの記憶」のこと。マリナが「ママを選んだ」と言ったということは、〝胎内記憶〟というよりも、〝中《ちゅう》間世《かんせい》記憶（前世の終了時から、受精するまでの記憶）〟と言った方が正しいのかもしれない。

子どもは親を選んで生まれてくるというから、私もウチのおかんを選んだということなんだろうか。よりによってなぜあのおかんを……と思いそうになるが、おかんの元でしか得られないさまざまな学びがあったんだろう。昔は「美人に生まれたかった」とか「スレンダーな体がほしい」とか散々思ったものだったけれど、もはや他の人生は考えられないことを思うと、あのおかん（&おとん）から生まれてよかったのだ。たぶん。いや、絶対。

翌朝、マリナをおじいに預かってもらい、ターデーとフィレンツェの散策へ。石畳の通りを歩くと、白壁にレンガ色の屋根の家々、クラシックな建物が軒を並べ、中世の世界にタイムスリップしたような気分になる。

街の中心の広場に着くと、巨大な大聖堂「ドゥオーモ」が、街を見守るようにそびえたっていた。間近で見る大聖堂は、堂々とした貫禄ながら、なんとも清らかな佇まいだ。外観を飾る、白、グリーン、ピンクの大理石の幾何学模様は、ため息ものの美しさでホレボレしてしまう。

大聖堂近くのシニョリーア広場の回廊には、躍動感に満ちた彫像がいくつも並んでいた。ふたりの男とひとりの女が複雑に絡み合っている彫像があったのでスマホ検索してみると、タイトルは『サビニ女性の略奪』。なんと、男たちによって建国されたローマは女性が少なかったので、子孫を残して国を維持するために、近隣に住んでいたサビニ人の独身女性を大勢、略奪した歴史がモチーフになっているというではないか。

「あれ、〝誘拐婚〟目的で、娘さんがローマ人に強制的に連れ去られてるとこで、必死に抵抗してるのが娘さんとお父さんやって」と私が解説すると、ターデーが目を丸くする。

「あかんやん！」「ひどい話よな」

日本も戦国時代は女が戦利品だったことを思うと、今に生まれてよかったなぁと痛感してしまう。女のひとり旅なんて昔はあり得ないことだったし、憧れの国を旅して恋に落ちた末に結婚するなんて、ひと昔前までは想像を絶することだったのだ。

ウフィツイ美術館で、ボッティチェリの「春（プリマヴェーラ）」「ヴィーナスの誕生」等の名画を見た後、夜はシモーネ一家と待ち合わせ、行きつけだというレストランへ。

みなでビールジョッキを掲げ、「チンチ〜ン！」と乾杯する。

肉の旨味とトマトの酸味が絶妙なラグー（ミートソース）のタリアテッレ（幅の広いパスタ）や、松茸みたく香り高いポルチーニ茸と生スモークハムのトマトソースのピッツァ、1キロの巨大なフィレンツェ風Tボーンステーキ等、激うまイタリアンを堪能。石釜で焼いたピッツアも炭火焼きのステーキも、香ばしい焼き上がりで美味い！

「うんまー！　マジでここ、最高のレストランやな！」

「な、この店、ええやろ〜？」とターデーがほくほく顔で言う。

イタリアに来て以来、私が見ているものといったら、ターデーの顔が8割、ターデーの家族が1割、その他の諸々が1割ぐらいだろうか。それでも私は、十分すぎるほど満ち足りていた。ターデーのフィルターを通してこの国が見たかったし、「友の住む国を友の目で体感すること」こそ、イタリア旅の隠れテーマだったからだ。

ド派手なジプシーのおねえちゃんたち

ターデー家行きつけの渋い店

フィレンツェ発祥のジェラート、さすが美味し！

イタリア★ローマ&バチカン
「ローマの休日」を楽しむ、大人の修学旅行へ

翌朝、おじいがまたまたマリナをみてくれることになっていたので、ターデーとふたりで列車に乗り、ローマへ出発。2日間の大人の修学旅行の始まりだ！

車窓から見える、どこまでも青い空、緑の大地、オリーブ畑やブドウ畑。ときどき現れる中世の面影を残す村々には、赤い屋根の家並みが点在していて、絵本に出てくるような可愛らしい景色にうっとりしてしまう。

牧歌的な田園風景が流れていくのを眺めていると、なんとも不思議な気持ちになる。ターデーは生まれた国を遠く離れて、この国に住んでいるんだなぁと思って。

「なぁ、『よし、イタリア行くぞ！』って決心できたキッカケは何なん？」と聞いてみる。

「やっぱ、『このまま死んでしまっていいのか？』って真剣に考えたことやろうな」

「分かるわ〜。死を本気で意識すると『このままじゃ死ねん！』と思えるもんな」

私も目の前の仕事に追われる日々で、自分の人生について真剣に考えるには忙しすぎた。自分の死から目を背け、（まぁ明日死ぬワケじゃないし）（まだまだ死なないし〜）と、なる

べく〝肉体の締め切り〟について考えないようにしていたら、会社勤めであっという間に18年経ってしまっていた。

そんなとき、東日本大震災が起きて、生きていることは当たり前ではないんだ、と心底思い知らされたのだ。今までの人生が「あっ」という間だったということは、これからの人生も「あっ」という間だろう。そう考えると、いつか死ぬことよりも、自分らしく生きられないまま、不完全燃焼のまま火葬されてしまう方が恐ろしく思えてきたのだ。

「本当に、このままの自分で死んでいいのか？」と心に問い、「やっぱり、いやだ!!」と答えるのに、どれほど勇気がいったか分からない。それでも、人が本気の本気で「このまま死んでいいのか？」問題について考え、「自分を変えたい！」と思って〝自分ファースト〟で行動すれば、人は必ず変われるのだ。

「ウチのおねえも、日本じゃ全然出会いがなかったのが、フランスに行った途端、ハジけた人やねん。それで私もおとうに『お前も外国人がええんちゃうか？』って言われてなぁ」

じつはターデーの姉ちゃんも、20代後半で突如フランスに目覚め、パリ留学中、フランス人と恋に落ちて結婚した人。今ではパリで、ふたりのかわいい娘さんのお母さんなのだ。

「で、おとうの言葉に背中を押されて、イタリア留学の準備してるときに、患ってた肺の病気でおとうが突然亡くなってん」

うーむ、お父さんの遺言が、堅苦しい家訓でもなく、ややこしい相続のことでもなく、『お前も外国人がええんちゃうか？』だったとは……。それは単刀直入に言うと「（このまま日本で処女でいるくらいなら）外国人とデキちゃった方がええで」ということであり、なんてワールドワイドで開けっぴろげな遺言なんだろう。

「おとうが死んで、おねえはパリ、おにいも熊本に住んでたから、いろんな手続きを私中心でやってんけど、親戚のおっちゃんに『お前、こうなったら絶対に外国に行くとか思うなよ！　お母さんの面倒見れるんはお前だけなんやぞ！』って、〝呪い〟をかけるような恐ろしい目で言われたときは、背筋がゾ〜ッとしたわ」

「自分が恐怖に縛られてる人は、悪気はないねんけど、人にも〝呪い〟をかけるからな」

「まぁ幸い、社交的なおかあには友だちも多いし、私を喜んで送り出してくれてな」

父の遺言通り、イタリアで幸せを見つけたターデーは、最高の親孝行をしたなぁと思う。何よりの親孝行は、自分自身が幸せに生きることなのだ。最後の最後に、一番心配していた末っ子に〝呪い〟ならぬ〝魔法〟をかけたおとん、さすがグッジョブ！

「で、イタリア留学中に出会ったシモーネと、付き合ったキッカケは何やったっけ？」

「初めはな、シモーネのおねえとイタリアの温泉で知り合ってん。で、おうちに遊びに行かせてもらった帰り、私が傘を忘れて帰ってもうて。シモーネから『傘を忘れてるよ。持って行くよ!』ってメールが来て、やりとりしてるうちに付き合うことになったんよな〜」

「ガラスの靴やなく傘を忘れるなんて、安上がりっちゅうか、庶民のシンデレラやん!」

うーむ。シンデレラも故意ではなかったものの、なんでも忘れてみるものだ。本を貸すでもなんでもいいけど、次に会うキッカケを作っておくことが大事なんだよなぁ。

「ちなみに、イタリアって、バカンスの長さはどのぐらいなん?」と聞いてみる。

旅に出る前、ターデーにネットで電話をかけると、たいてい「今海におるね〜ん」「これから海でな〜」と言われ、どんだけ海やねん! というぐらい海三昧だったからだ。

「全部で4、5週間かな。シモーネは休みをいっぺんに取らずに、7月に2週間、8月に2週間、9月に1週間みたいな感じで、3回くらいに小分けすることが多いな〜」

2週間が小分けだぁ? 日本の感覚だと、1週間でも〝大分け〟だ。

「バカンスってさ、具体的には何やってんの?」と気になったことを聞いてみる。

「海に行って、ビーチに寝そべって、日長な〜んもせんと、ひたすらボ〜ッとしてるねん」

「ええ!? 退屈で私には絶対無理やわ〜。ボ〜ッとしてたら頭がアホになってしまわへん?」

「海でボ〜ッとして頭を空っぽにするのが、バカンスの醍醐味なんよ〜。私も海が大好きやから、ビーチで昼寝してんのが最高に気持ちええもん」

イタリア人は海に入るにしてもパチャパチャ程度で、アクティビティやマリンスポーツよりも、「ビーチでボ〜ッとすること」こそがバカンスの王道なのだという。

それにしても、私にはターデーの話が衝撃的だった。ヨーロッパの夏休みは長いと聞いていたものの、そんな長期休暇が取れるのは、一部のセレブだけの話だと思っていたからだ。一家の大黒柱であるシモーネは、フィレンツェの印刷会社の従業員で、本当にフツーの庶民。それなのに、なぜそんなことができるんだ!?

「日本の夏休みやと、お盆の3日間に、2、3日足すくらいが精一杯やのに……」

「もしバカンスがたった5日間やったら、イタリア人は死んでまうやろなぁ」

イタリア人は、バカンス前になると気持ちが浮つき始め、バカンス後は（さ〜て、来年はどこに行こうかな〜）などと考え始めるというから、「バカンス」のために働き、「バカンス」のために生きていると言っても過言ではない。

「にしても、ようそんな、海で何週間も過ごす金があるよな」

「いやいや、日本の夏休みとこっちのバカンスは、全く違うからな〜。日本は大人の夏休みが短いから、家族で出かける場合も、結構ええ値段のホテルに3泊ぐらいして、予定詰め込んで動き回って、ヘトヘトに疲れて帰ってくる感じやん？　私らは、家族で1週間借りても450ユーロくらいの安いレンタルアパートに泊まって、自分らでごはん作って食べて、ひたすら海でのんびりするだけやから、全然安上がりやねん」

ヨーロッパの宿泊施設はたいてい、宿泊費が一人当たりではなく一室の料金だから、バカンスを家族みんなで過ごすと超リーズナブルだというのだ。聞けば聞くほど、ヨーロッパの人たちは「お金をかけずに楽しむ方法」を実践してる感じがするなぁ！

でもたとえば、忙しいマスコミの人たちはどうなんだろう。私がいたテレビ番組の制作現場なんて、徹夜続きが日常茶飯事だったのだ。

「じゃあさ、バカンス中、テレビ番組はどうなってんの？」

「作ってる人もみんな休むから、夏はとにかく再放送のオンパレードやな〜。子ども向けのアニメとかファミリー向けの映画とか珍映像100連発みたいなのばっかりで『あれ？これ、去年も一昨年もその前も同じの見たな』ってヤツを、毎年繰り返し再放送してるわ」

「再放送どころか再々々放送やん！　手抜き感満載やな〜。ほな、生放送のニュースは？バカンス中もニュース番組はあるやろ？」

「キャスターはたいてい数人の交代制でやってるから、順繰りで休んではるわ。大御所の司会者はバーンと休むから、2、3ヵ月はまったく見いへんな。で、バカンスが終わって出てくると、みんな顔が焼けてて、サングラスの形がくっきり残ってたりしてておもろいで」

ニュース番組のキャスターがこんがり日焼け!?　なんだろう、この、不謹慎感は。災害や事故や殺人事件のニュースを「がっつり休んできました」感たっぷりの日焼け顔で伝えられることに、バカンス慣れしていない日本人の私はどうしても違和感を覚えてしまう。

「マジで〜!? 私は会社員時代、旅に出るときは、日焼け止めを塗りたくってたで。日焼けしてたら、出社したとき『お前、また旅に出てたのか』ってイヤミ言われてまうから、休んでた痕跡を残さないよう必死やったわ」

「日本の感覚やとそうなるよなぁ。私も初めて日焼けキャスターを見たときは、目がテンになって、シモーネに『日焼け止めを塗ればいいのに』って言ったら、『日焼けの何が悪いの？バカンスを取るのは人として当然のことなんだから、キャスターが日焼けしてても、イタリア人はまったく気にしないよ』って言われて、これまたビックリしたもんなぁ」

バカンスを「単なる娯楽」とみなすのではなく、人は働いたら休息すべきという「当然の人権」と考えるヨーロッパ。日焼け顔のキャスターは、人が人間らしく生きている証なのだ。

「じゃあじゃあ出版界は？ バカンス中も、週刊誌とか雑誌は出てるんやろ？」

「バカンスの時期は、たいていヤル気のない、ゆるくて薄〜い情報量の雑誌が出てるわ。ビーチでパラパラめくる用やから、そんな張り切って作られても息が詰まるしな〜」

はぁ〜！ 雑誌を作っている人たちの頭の中は、これから過ごすバカンスのことで一杯。

そんな人たちが作った雑誌を読む側も、頭空っぽのバカンス中で、ガチガチに詰め込んだ情報など求めていないらしい。

日本人にとって「仕事＝人生」でも、ヨーロッパの人たちにとって仕事は、単に「人生の一部」でしかないんだろう。日本の暮らしは、欧米と肩を並べるどころか、ずいぶん前から世界最高水準。それなのに、なぜ日本人は、ヨーロッパのように休むことができないんだろう？

会社員時代、年20日間の有休をすべて消化するなんて絶対無理だったものの、私は数年に一度、なんとか2週間の休みを取り、海外旅をしていた。それでも「自分だけ休むのは申し訳ない！」という罪悪感が常にあった。それは、「みんな休んでないのに、お前だけ休むのか!?」という暗黙のプレッシャーを感じていたからだ。

何より、なかなか休みが取れなかった気持ちの奥底には、「自分の居場所を失うのが怖い」という「恐怖」があったように思う。当時の私は「できないヤツ」と思われたくない一心で仕事をしていたのだ。私がそうだったように、日本人の生きるベースには同調圧力の呪縛があって、我慢が美徳、仕事は苦行、という考えが根強くあるんじゃなかろうか。

「働き方改革」が叫ばれるようになって、働き方の選択肢が広がりテレワークも増え、「ワーク・ライフ・バランス（仕事と生活の調和）」から発展した考え方、「ワーク・ライフ・インテグレーション（仕事と生活の柔軟な統合）」がより注目されるようになっている。

「ワーク」と「ライフ」は対立するものではなく、仕事も生活も、どちらも大切な人生の一部だからこそ、両立することで充実感や幸福感が得られるもの。仕事か生活のどちらかを犠牲にするのではなく、働きやすい環境を作ることで、仕事の生産性が上がる。リフレッシュするからこそ、いろんなアイデアが湧いて、クリエイティビティ（創造性）も高まる。どんな人も、誰かに遠慮することなく、人生を楽しめる社会になるよう祈らずにはいられなかった。

「あんた、イタリアに嫁に行って、バカンスも過ごせて、ほんまによかったな〜」

私がそう言うと、ターデーはニカニカ照れ笑いしながら言う。

「まぁ言うても、私ら家族はめっちゃ内向的やから、バカンスは毎年、近くの同じ海に行くだけで質素なもんやで〜。普段は、シモーネもおじいおばあも全く遠出せえへんし」

引きこもり気味のイタリア家族にしてみれば、ターデーはアジアからやって来た、とびっきりの天使で、最高の娯楽だったんだろうなぁと思う。しかも、目に入れても痛くない孫娘までもたらしてくれたのだ。

ローマに着き、ターデーが予約してくれたホテルにチェックインを済ませ、まずはモロッコ風のスパへ。ターデーの住む半地下の家にはシャワーしかないので、温泉旅行に行った気分になろうというワケだ。

赤、黄、紫の小さな灯りがともるムーディな雰囲気の中、湯船に浸かって癒された後、超ゴッドハンドなつるつるヘッドの兄ちゃんによるオイルマッサージを受け（一応タオルはかけるもののTバックの紙パンツ1枚で、ほぼ全裸での施術！）、至福の心持ちになる。

「あの兄ちゃん、エジプトからの移民なんやて。敬虔なイスラム教徒で、今、ラマダーン（日の出から日没まで食べ物と飲み物を断ち、「断食」を行う、1ヵ月間の宗教行事のこと）中だそうな」

「体を調整するストイックな求道者《きゅうどうしゃ》って感じで、下手な聖職者なんかより、よっぽど高貴な雰囲気で癒されたな〜」とターデー。スパですっかり生き返った私たちは、気持ちいい夜風に吹かれつつ、その足で夜のバチカン市国へ向かった。

イタリアの中にある「バチカン市国」は、東京ディズニーランドのアトラクション部分程度の面積で、人口800人の世界一小さな国。〝カトリックの総本山〟のバチカンには大統領等がおらず、ローマ教皇庁が統治しているのだという。そのローマ教皇庁で働いている3千人も近郊から通っている人たちで、観光客もローマから自由に行き来できるのだ。

日がすっかり落ち、オレンジ色の街灯に照らされた夜のローマを歩いていると、地続きでバチカンに到着。

「うっわ〜！　なんやこれ!!」「すっごい迫力やなぁ！」とターデーも目を輝かせる。

目の前にドドーンと、ライトアップされて金色に輝く、巨大なサン・ピエトロ寺院が姿を現した。楕円形の大きな広場いっぱいに、宮殿のようなスケールでそびえたつ白亜の寺院。広場のまわりをぐるっと取り囲む、何百本もの円柱に支えられたダイナミックなアーチ。大迫力の建物群が夜の闇に浮かぶさまは圧巻で、建物全体が極大の芸術作品のようだった。この世のものとは思えないほど荘厳な寺院の神々しさにホレボレしてしまう。

「夜に来たの初めてやわ。400年も前にこれを人間が作ったなんてなぁ……」とターデー。

「さすが、総本山の貫禄やな！　夜のバチカンに来た甲斐があったわ〜」

ふたりともテンションが上がり、まるで夜祭りに来たような高揚感でハイになってしまう。

観光客のまばらな広場を歩きまわり、夜のサン・ピエトロ寺院を満喫する。こんなふうに美しいものに感動して友とハシャいでいると、なんだか学生時代に戻ったような気がするなぁ。

思えば学生時代はコンプレックスはあっても、自分の気持ちや個性を押さえ込むことなく、自分に正直に生きていた。その後、酸いも甘いも嚙みまくって劣等感を肥大させてしまった会社から卒業したことで、私は今、ようやく学生時代のようなのびのびとした気持ちで生きられるようになっている。なんというか、一周してあの頃の自由な魂が蘇り、〝本来の自分〟を取り戻したような気がするのだ。

「私な、偶然、街で会社の人とか、会社員時代に仕事したことある人に会ったりすると、なんというか、前世感がハンパないんよ。会社を辞めて以来、生まれ変わった感じがしてるから、前世でお世話になってた人に会ったような、なんとも不思議な気持ちになるんよな」

「へぇ〜、なるほどな〜」

「でな、あんたは、あんた自体も生まれ変わった感がハンパないから、こうやって一緒におると、前世で仲良くしてた友だちと今世《こんせ》で再会できたような不思議な気持ちになるんよ」

「でも確かに、私も昔の自分とはまるっきり違うから、生まれ変わった感じ、するなぁ」

「そうやで。私ら今世に生きながら脱皮して、生まれ変わってんで」

フィレンツェで再会して以来、ターデーも私も、モンモンとしていた頃が信じられないぐらい、昔とはエラい違いだなぁと何度思ったことだろう。ターデーは恋い焦がれていたイタリアに住むという夢を叶え、私は憧れてやまなかった〝地球の広報〟をライフワークにできているのだ。

「考えてみたら、フツーは死なな生まれ変わられへんのに、自分のまま生まれ変わって、違う人生を生きられてるなんて、オトクやな〜」

「な！　でも、人間ってほんまは、細胞レベルでも、毎日生まれ変わってるんやってよ」

人間の体は37兆個という膨大な数の細胞でできていて、毎日何千億という細胞が生まれ変わっているので、1年も経てばすっかり細胞が入れ替わり、物質レベルでは〝別人〟になっているのだという。自分が「変わりたい！」と思って行動すれば、日々生まれ変わっている細胞は〝新しい自分〟についてきてくれるのだ。

翌朝、内部を見学すべく、再びサン・ピエトロ寺院へ向かう。

スコーンと晴れた青空のもと、白亜の寺院が大迫力でそびえたっていて、夜のファンタスティックな雰囲気とはまたひと味違う、威風堂々とした風格だ。

中に入り、日本語のオーディオガイドをレンタルしてみるも、ローマ皇帝がキリスト教徒たちを残虐な刑で殺しただのなんだの、キリスト教の身の毛もよだつドロドロの歴史が延々続き、辟易したので途中で放棄。

贅の限りを尽くした豪華絢爛な内部を見学し、世界の幸せを祈った後、エレベーターに乗って、寺院のドーム部分である「クーポラ」内部へ。ドームを間近に見ると、360度、青と黄を基調としたフレスコ画（壁に直接絵を描く技法）で埋め尽くされていて、うっとり見入ってしまう。

さらにその先の、細くスリリングな螺旋階段を320段のぼり、着いた屋上から眺めるバチカン&ローマの街はまさに絶景だった。四方に高い建物がない中、バチカンの美しい建造物が寺院を取り囲み、はるか遠くまでローマのクラシックな街並みが続いている。

屋上の正面には、入口方面に顔を向けて、聖人の大きな石像がずらっと並んでいた。中央のキリスト像を挟み、12体の巨大な聖人像が並ぶさまは〝ウルトラマン大集合〟みたいな絵面で壮観なこと！　なかでも十字架を抱えたキリストは、礼拝に来た人たちに「よっ！」と気さくに手を上げているように見えて、なんともウエルカムな雰囲気だ。

地上に戻ると、今日は日曜日ということもあって、寺院前の広場が観光客であふれ返っている。毎週日曜日の正午から、この広場に面しているバチカン宮殿の最上階の窓からローマ教皇が姿を見せ、15分間のお祈り＆説法が行われるのだという。

広場前の観光案内所の兄ちゃんに、ターデーが「今日はお祈りあるんですかね？」と聞くと、「教皇は8月いっぱいバカンスだから、今日はないんじゃないかしら」と兄ちゃん。「え、バカンス!?」と私が驚くと、マイルドな兄ちゃんは「教皇も人間だから当然よ〜」と肩をすくめて言う。なんと、ローマ教皇もバカンスを取るとは！　バカンス明け、窓から顔を出す教皇がビーチ焼けしてても、みんな気にしなそうだなぁ……などと想像していると、ターデーがガードマンの兄ちゃんにも尋ねてくれる。

無愛想なガードマンの兄ちゃんは、いかにも面倒くさそうに、けだるい感じで何やら言う。「今日はこれから、避暑地の宮殿から、教皇の中継があるんやって！」とターデー。見ると、広場には超大型モニターが配置されていた。しばらくすると、避暑地にいるとおぼしき教皇が、大型モニターに姿を現した。

笑顔で手を振る教皇に、広場に集った観衆が「ウォオオー!!」「ヒュ〜ッ!!」とどよめき、ロックコンサートに近い熱気だ。信者の篤い信仰心というより、観光客の熱いミーハー気分を感じつつ、超満員の広場を後にする。

「なぁ、さっきのガードマン、つっけんどんで感じ悪かったな。バチカンで働いてる人は殆どイタリア人なんやろ？　イタリアって、イメージと違って、愛想悪い人も結構おるんやな」

「人にもよるけど、イタリアって全体的にヤル気ないからな〜。基本、真面目に働くとソン！　みたいな感覚があるんよ。それに、今の時期はバカンス中やから、しゃあないで」

「そっか、あの人はバカンスが取られへん仕事に就いたから、イライラしてたんか〜」

「いやいや、イタリア人がバカンス取らんなんてあり得へんから、すでにバカンスを取ったか、これから取る人やと思うよ」

イタリアもフランスやドイツ等、他のヨーロッパと同じく、バカンスは働く人の権利として認められているので、社員を休ませることが会社に義務づけられているというのだ。

「てことは、あの兄ちゃんは、すでにたっぷり休んだか、これからたっぷり休むんやろ？　それやのに、何をそんなにイライラしてんのよ？」

「あの兄ちゃんは今、バカンス中の観光客相手に仕事してるやんか。そしたら頭の中はどうしても、（友だちはみんな、今ごろビーチでバカンスを楽しんでるんだろうなぁ。それなのに、俺は今日も仕事かよ、ちぇっ！）って感じで、ムシャクシャしてるんやと思うわ～」

「へ～～っ!!」

時差でバカンスを取ることになっただけで、友だちにジェラシーを抱いているとは！　ターデーからイタリア人の習性を聞いて、私はなんだかイタリア人が愛おしく思えてきた。子どもでもないのに夏休みのことで頭が一杯だなんて、人間臭いにもほどがある。休みが取れなくても文句ひとつ言わない日本人よりも、イタリア人は自分に正直で、のびのび生きている感じがするなぁ。

「ローマは見どころだらけやから、どんどん回っていこか！」とターデー。

私にとってローマといえば、オードリー・ヘプバーン主演の『ローマの休日』のロケ地。学生時代、名画座で見て心を震わせた『ローマの休日』は、私が生まれて初めて見たロードムービーで、〝ひとり旅〟への憧れをかき立てられた映画なのだ。

オードリー気分になって「スペイン広場」の階段でジェラートを食べ（現在は飲食・座る行為が禁止に）、「トレヴィの泉」でコインを投げ、古代ローマの象徴である円形競技場「コロッセオ」を見上げる。

紀元80年に完成し、見世物として「猛獣VS奴隷」「奴隷VS奴隷」の血みどろの死闘が繰り広げられたコロッセオ。都市文化が花開く一方、こんな残虐なことが娯楽としてまかり通っ

夜のサン・ピエトロ寺院前で、ハートに愛を込めて祈る

タトゥーがキマってるイケメン

観光案内所の超マイルドな兄ちゃん

バチカンを守るのはスイス人衛兵

昼のサン・ピエトロ寺院も格別

流しのアコーディオン弾きの兄ちゃんの音色に聞き惚れる

ていたなんて、人権のなかった時代の競技を想像してゾ～ッとしてしまう。

そして、2千年前に建てられたコロッセオの真横に、現代の一般道路がフツーにあって、車やバスが行き交う光景を見ると、同じ場所に「過去」と「現在」が共存していることに感服せずにはいられなかった。古代の荘厳な建築物が、今まで戦争や地震で崩壊しなかったこと自体、まさに奇跡なのだ。

ローマ市庁舎の裏手から、古代ローマの遺跡群「フォロ・ロマーノ」を一望すると、辺り一帯に遺跡が点在していて、なんとも壮大な眺望だった。崩れている遺跡も多いものの、天に向かって延びる巨大な円柱を見るだけで、当時このエリアに大規模な石造りの神殿や建物が立ち並び、どれだけ繁栄を極めていたかがありありと伝わってくる。

緑の芝が生い茂る、だだっ広いエリアを歩いていると、古代ローマにタイムスリップしたような気持ちになる。遺跡ごとに作られた時代が少しずつ違うので、それぞれの時代で時間が止まってしまっているように思えて、なんとも不思議な気分だった。

心地よい風に吹かれつつ、神殿や、凱旋門、議事堂等を巡っていて、ボロボロに朽ち果てた遺跡を見たとき、ハッとした。

なんだろう、ここに、初めて来た気がしない。知らない場所のはずなのに、心の奥底で、ここを知っているような気がしてならないのだ。ガレキの残骸のような廃墟を眺めていると、狂おしいぐらい懐かしい気持ちがグワーッとこみ上げてきて、胸が締めつけられてしまう。

「……たぶんやけど、私、大昔、ローマかローマの近くに住んでたような気がするわ」

私がそう言うと、ターデーが目を丸くする。

「ええ!?　私よりあんたの方がイタリアに縁があるやん。って、あんた、泣いてるやん！」

「なんでか分からんけど、胸がいっぱいになってもうて……」なんて言いつつ、目に涙がにじんでしまう。

「私は庶民やった気がするから、こんな立派なところには住んでなかったと思うけど、あの辺の住居跡みたいなところの雰囲気がミョ〜に懐かしいんよ。コロッセオを見てもまったく懐かしくなかったから、紀元80年より、もっと前の時代やと思うわ」

前世があるかどうかなんて分からないし、仮に前世があったところで、大事なのは「今」だということだけは分かっている。それでも今、私の心に湧き上がってくる、胸が張り裂けるような懐かしい気持ちは、本物だとしか言いようがなかった。

今までいろんな国を旅して、数えきれない数の遺跡を見てきたけれど、こんな気持ち、本当に初めてだった。霊感なんてまったくなく、普段は既視感を覚えることもない私が、まさか、気が遠くなるほど昔の古代ローマにデジャブを感じるとは！

遺跡群を後にし、ナヴォーナ広場に向かうと、バロック彫刻の巨匠ベルニーニの作った巨大噴水が3つもあり、クギ付けになってしまう。豪華絢爛でデコラティブな芸術はもう十分だと思っていたものの、ベルニーニは面白い！

「四大河の噴水」は、噴水の中に4体の力強い男性像があり、「ドナウ川、ガンジス川、ナイル川、ラプラタ川」の大河を擬人化した彫像なのだが、どのマッチョマンも「これでもか！」と言わんばかりの、仰々しい芝居がかったポーズを決めている。ベルニーニ本人は大真面目に作ったのだろうけど、悪趣味すれすれのこってり感がたまらず、思わず吹き出してしまう。

いろんな大道芸のパフォーマンスを見ながら街を歩いていると、辺りが夕闇に包まれ始めた。石造りの街並みにオレンジ色の灯りがともり、ローマが徐々にロマンチックな空間へと変わっていく。日がすっかり落ちると、ムードたっぷりの情景が広がり、昼間とは全く違う雰囲気になっている。ライトアップされた夜のローマの、幻想的で美しいこと！

　地元のトラットリア（食堂）で最後の夜に乾杯し、ローマ名物のパスタを食べる。チーズたっぷりで濃厚なクリームソースの「カルボナーラ」も、豚ほほ肉の塩漬けのコクとトマトソースのまろやかな甘さが絶妙な「アマトリチャーナ」も、文句のつけようがない美味さだ。

　ワインのお代わりをする際、店員のねえちゃんにイタリア語で尋ね、何やら冗談を言って「アハハ！」と笑い合っているターデーの姿を見ていると、20代の頃のターデーとは本当に別人で、人間は可能性に満ちた存在なんだなぁと思わずにはいられなかった。

「ターデーは、自分を知ってる人がいない、未知の世界に飛び込んだのがよかったんやな〜。新天地に行けば、過去の自分のイメージに縛られずに済むし。シモーネみたいに、あんたのことがタイプって男もおったりしてな」

私がそう言うと、ターデーは深く頷いて言う。

「私なんか〝イジケ根性〟の塊やったから、幼稚園の頃から大人になってからもずっと、好きな人ができても、ブサイクな自分は存在価値がないから、告白したら相手が迷惑する、と思ってたもんな。心の中には〝インナー・チャイルド（内なる子ども）〟がいるっていうけど、子どもの頃の自分を自分でぎゅ〜ってハグしてあげるまでは、マジでかわいそうすぎたわ」

〝インナー・チャイルド〟とは、学校でのいじめや恥、十分に愛されない家庭環境等で傷ついたまま癒されずにいた、満たされなかった感情や記憶のことだ。

「ターデーが、自分を受け入れることができるようになったのは、シモーネと付き合うようになったから？　それとも、娘を産んだから？」

私が聞くと、ターデーは思いを巡らせながら言う。

「娘の存在が大きいなぁ。マリナにとって母親しかアカンときがあって『ママしかイヤだ！』って泣かれると、私をこんなに好いてくれる存在がいるんやと思えて感動してまうねん」

「やっぱ、マリナの影響が大きかったんやな〜」と私が頷くと、ターデーは言う。

「もちろん、シモーネがすべてのキッカケやねんけど、やっぱ娘とおじいに愛されたわ〜」

「マリナは分かるにしても、まさかのおじぃ!?」

「なんか、おじいとはツーカーって言うか、気持ちがピーンと通じる瞬間があるんよな」

「シモーネとは通じへんのかい！」

「いやいや、シモーネとは夫婦やから、そら気持ちが通じることはあるよ。昼寝のタイミングが合うから、よく一緒に昼寝するねんけど、クマのぬいぐるみみたいで可愛いし」

「エラいおのろけやん。私には、ちょっと可愛めの海坊主にしか見えへんけどな〜」

「あんた、人のダンナを海坊主て！」と笑いつつ、ターデーが真面目な顔で言う。

「でもやっぱ、おじいの存在がデカいわ。私は自分に自信がなくて、自分の気持ちをさらけ出すことができん人間やったやん？　かたくなやった私が、自分の殻を破ることができたんは、おじいのおかげやなぁ。おじいが毎日、やいのやいの『黙ってちゃ分からん！　お前の気持ちはどうなんだ!?』って聞いてくるから、それが本音を出す訓練になってたんよ」

「私なんて……」という〝遠慮の塊〟だったターデーが、ありのままの自分を出せるようになったキッカケは、おじいとの日々のやりとりだったのだ。

「イタリアって、自分の気持ちをちゃんと伝えへんと、日本みたいに相手が察してくれへんからなぁ。黙ってるとコミュニケーションが成り立たへんから、『遠慮してても仕方がない！』『自分の気持ちを相手に伝えないと！』って感じで、スイッチが入ったんやと思うわ」

ターデーと話していてハッとした。あんなに陽気に見えて、じつはおじいが深い闇を抱えていたことを思い出したのだ。

「そういえば、おじい言うてたな。『俺は子どもの頃から、幸せをほとんど感じたことがなかった。でも、マリナを公園で遊ばせたり、おやつの時間に笑いあったり、移動遊園地に連れて行ったり……マリナのおかげで愛に目覚めたんだ』って」

「そうやねん。有難いことに、おじいはマリナのお世話をすることで、今までの人生で感じたことがなかった、愛し合う喜びを実感できたって言うてくれてるねん」

おじいは、自分が7歳のときに生まれた弟をお母さんが溺愛するようになって以来、自立心が身に付きすぎて人を信じられなくなってしまい、幸せを感じられなくなったと言っていた。おじいはマリナに惜しみない愛情を注いでいるものの、自分は母親からの愛を十分受けられなかった人なのだ。

きっと、おじいの心の中にもインナー・チャイルドが住んでいて、おじいはその傷が癒されないまま大きくなったんだろう。その傷は、いくら空手を習って強くなっても、大好きなおばあと結婚して子どもに恵まれても、癒えることはなかったんだろう。おじいは今、自分が与えてもらいたかった愛情をマリナに与えることで、ぽっかり空いていた心の穴を埋めているのに違いなかった。

「義姉も『人見知りで閉鎖的だった家族が、イローコが来てから人間らしくなってきた』って言うてくれてなぁ。たかのを家に泊めたことも、数年前なら絶対考えられへんかったし」

「そうやったんや！　長年イジケ根性で生きてきた、ターデーとおじい。あんたら、お互いが出会ったことで驚異の化学反応を起こした、奇跡の親子なんやな」

魂レベルで癒し合う、一重まぶたの嫁と、ちょい強面のつるつるヘッドな義父……。こんなに離れた国に生まれて、30歳も年の離れた人間同士が出会って、インナー・チャイルドを癒し合う関係になるなんて、この世はなんて奇跡に満ちたところなんだろう。

「私も20代、30代の頃は、死ぬほど落ち込んで鬱っぽくなる度に、消えてなくなりたい……と思ってたことを考えると、今、会社を辞めても楽しく生きられてることが、ほんま、奇跡やと思えるわ」

「昔はよくあんたも、めちゃめちゃ落ち込んでは、相当ネクラなこと言うてたもんな〜」

当時と今とでは、本当に、天国と地獄の差だなぁと思う。もしタイムマシーンがあったら、あの頃の自分に「心配すんな、大丈夫！」と言ってやりたい。あの頃の自分だけでなく、今までの人生で奈落の底まで落ちた、あのときの自分にも、あのときの自分にも、言ってやり

お揃いつるつるヘッドの仲良し親子

おじいのアモーレ、孫のマリナ

頭も家の中もピカピカ！ 掃除大好きおじいと

たくなる。「大丈夫！　立ち直って元気にやってるから、未来を心配すんな！」と。

　ターデーがしみじみ言う。

「家族の存在は大きいけど、自分のことは、自分でしか幸せにできへんからなぁ。そのためには、まず自分自身に、『幸せになってもええねんで』『行きたいところに行ってもええねんで』って言ってあげなアカンよな」

「私もあんたも心配性やから、やりたいことが見つかっても、なかなか行動できへんかったもんな」

　やりたいことがあっても行動に移せなかったのは、「うまくいかなかったらどうしよう」と心配しすぎたせいだった。

　でも、心配は、思いきって行動することで消える。というか、行動しないことには、心配は消えないのだ。

「時間はかかったけど、おたがいようやく、自分自身と仲良くできるようになってきて、よかったなぁ」とターデー。

「自分と仲良くするって、ほんま大事よな。ヨーロッパは自分のこと大好きな人が多くて、それは素晴らしいと思うけど、自己肯定感が強い人も多いやん？　でも、自分のことだけを肯定すると、自分の『正しさ』で人を追いつめたり人を否定しかねないから、〝どんな自分もありのままに受け入れる気持ち〟『自己受容感』の方が大事やなとつくづく思ったわ」

昔から知っている者同士、いろんな時代のトークができるから話があっちゃこっちゃに飛ぶものの、お互いのつらい時代のこともよく覚えているなぁと思う。「友情」は「友が情けない」と書くだけあって、お互いの情けない姿をも見せ合ってなんぼなのだ。

夜、ホテルに帰った私たちは、ベッドに入ってからも、ずっとボソボソ話していた。遅れてきた〝修学旅行〟を少しでも長く味わっていたくて。この時間が終わってしまうのを惜しむような気持ちで。

翌朝、次の旅先、スイスに向かうべく早起きした私が、懐中電灯の灯りを頼りに荷物をパッキングしていると、ターデーが「うう〜ん」と唸り、目を覚ましてしまった。

「起こしてもうたな〜。先出るけど、ゆっくり寝といてや」

私が言うと、ターデーが寝ぼけまなこで言う。

「なんかできることあったら、なんでも言うてや〜」「ありがと〜。大丈夫や〜」

「ほ〜か〜」

思わず、あんたは私のおかんか！　とツッコミそうになるが、心優しいターデーは相変わらず健在だった。荷造りを終えた私が「ほな、またな〜」とベッドのターデーに声をかけると、ターデーがごそごそ起きて、玄関まで見送ってくれる。

ローマの小さな安ホテルの、客室のドアの隙間から手を振るターデーを見ると、胸がきゅっと締めつけられてしまう。20年前、家に泊めてくれたターデーが、先に会社に向かう私を見送るときも、こんな感じだったなぁと思って。感傷的な気分になるのが苦手な私は、今まで過去を懐かしく思い出すようなことがほとんどなかったというのに。

昔を振り返るには、まだ早すぎる気がしていた。前へ前へと進むことに必死で、私はあえて昔のことを振り返らないようにしてきたのかもしれない。でも今、私の胸に蘇るのは、20代の頃にターデーと過ごした、モンモンとしながらも、食べ、呑み、笑い合った日々なのだ。

あぁ、過去形のなんて甘く切ない響きよ。そして、この4日間の夢のような楽しいひときも、未来から振り返れば、新しめの過去になっているんだろう。こうやって、目の前の「今」が、どんどん過去になっていく。

それでも、私たちにあるのは「過去」だけじゃない。離れてはいても、同じ空の下、同じ時代を生きていて、今じゃ文明の利器を使って、お互いの顔を見ながらタダで会話することもできるのだ。

「ほんま気ぃつけてな。ええ旅になることを祈ってるえ〜」

「あんたも元気でな。シモーネ、マリナ、おじいおばあによろしゅう！」

そこにあったのは、昔と変わらない、友のビカビカの笑顔だった。

この作品は二〇一六年十月ダイヤモンド社より刊行されたものを
加筆・修正したものです。

たかのさん、いつかあなたのツアコンで、
世界中を旅したい。 ——立川志の輔

繊細なのに太っ腹。恐がりのくせに大胆不敵。
たかのてるこが歩くと、世界中が下町になる。
——片桐はいり

"日本一おもろい旅人"会社を辞めて

笑って泣いて、すべてをゆるせた！

- スイス　肉体派メンズと命懸け！ 急流キャニオニング
- クロアチア　「理想の男と夢のデート」VS「カサノバ男のSEX」の誘惑♡
- スウェーデン　真夏の手づかみザリガニ宴会！ with LiLiCoちゃん
- ハンガリー　鳥や魚と混浴！「世界最大の温泉湖」で、いい湯だな〜♪
- ボスニア・ヘルツェゴビナ　運命のソウルメイトと語り明かし、ゆるしゆるされた夜
- トルコ　宮殿サウナのアカスリ師、てるこの"旅アカ"に悶絶
- セルビア　「世界一のパーティシティ」女子会で、因縁のヨーロッパと和解　ほか

運命の恋、ソウルメイトとの夜……。
人情深い人々との出会いが、人生を変える！

た人が何人かいました。でも私は、自分が幸せになるために、自分自身が〝憎しみの奴隷〟にならないために、ゆるすことにしたのです。今までの全てを。そしてこれからの全ても。

長い間、マグマのような怒りを抱えていたものの、怒りを手放して、生きるのが本当に楽になりました。それで、サブタイトルを『人生、ゆるして、ゆるされて』にしたのですが、「人をゆるして自分を愛せるようになりました」と共感してくださる方が多く、私の旅史上、最も反響の大きく熱いエピソードとなっています。私に人をゆるす勇気をくれた旅が、読んでくださる方にとっても、心のデトックスになることを願ってやみません。

（あと、後編には前編にはなかった恋バナが！　世にも美しいドブロヴニク旧市街で夢のような出会いがあり、読者の方から「燃えました！」とよく言われるので、お楽しみに（笑））

『人情ヨーロッパ』は、自然のアクティビティ大国・スイスでの「肉体派メンズとの命懸けキャニオニング！」から始まります。死ぬほど怖かったですが、1回死んだ気になると新しい体に生まれ変わった感があり、爽快感がハンパないのでオススメです。年齢制限なしのパラグライダーでは、80歳の車椅子の方も空をスーイスイ飛んでいて目がテンになりました。

では、アルプスの麓の街、インターラーケンでお会いしましょう！

たかのてるこ

おわりに

いや〜、ヨーロッパ嫌いだった私が、国ごとの違い&魅力が分かるようになるとは！

この『純情ヨーロッパ（西欧&北欧編）』の旅を経て、（ヌーディスト村で真っ裸にもなったし、性談義も一生分したし、濃い旅になったなぁ）と小躍りして喜んでいたのですが、これはまだ序の口だったのです。

後編『人情ヨーロッパ（中欧&東欧編）』では、正真正銘、心が真っ裸になります。ボスニア・ヘルツェゴビナや、クロアチア、ハンガリー等、未知の11ヵ国が登場するのですが、一見、超しかめっ面で無愛想なのに、下町が舞台の人情ドラマに出てくるような、めちゃめちゃ人情深い人たちとの、出会いの濃厚なこと！

そして旅の終盤、長年のトラウマから解放されて生き方が変わるような、ウルトラディープな出会いが待ち受けていたのです。ボスニアで25m下（！）の川へのダイビングを熱血指導してくれた〝師匠〟の兄ちゃんと、朝まで笑い泣き語り明かすうち……自分のことも、人のことも、ゆるし続けようと思う大きなキッカケがあり、人生で最も濃厚な旅となりました。

誰にだって許せない人がいると思いますし、私自身「いつか謝ってほしい！」と思ってい

独創的でヘンテコな世界観のベルニーニの噴水前で

手を振るターデーの変わらぬ笑顔

『ローマの休日』を思い浮かべて

純情《じゅんじょう》ヨーロッパ

呑《の》んで、祈《いの》って、脱《ぬ》いでみて〈西欧《せいおう》&北欧編《ほくおうへん》〉

たかのてるこ

令和5年8月5日　初版発行

発行人——石原正康
編集人——高部真人
発行所——株式会社幻冬舎
〒151-0051東京都渋谷区千駄ヶ谷4-9-7
電話　03(5411)6222(営業)
　　　03(5411)6211(編集)
公式HP　https://www.gentosha.co.jp/
印刷・製本—株式会社　光邦
装丁者——高橋雅之

幻冬舎文庫

ISBN978-4-344-43311-3　C0195　た-16-9

この本に関するご意見・ご感想は、下記アンケートフォームからお寄せください。
https://www.gentosha.co.jp/e/